Echt gut!

Karten

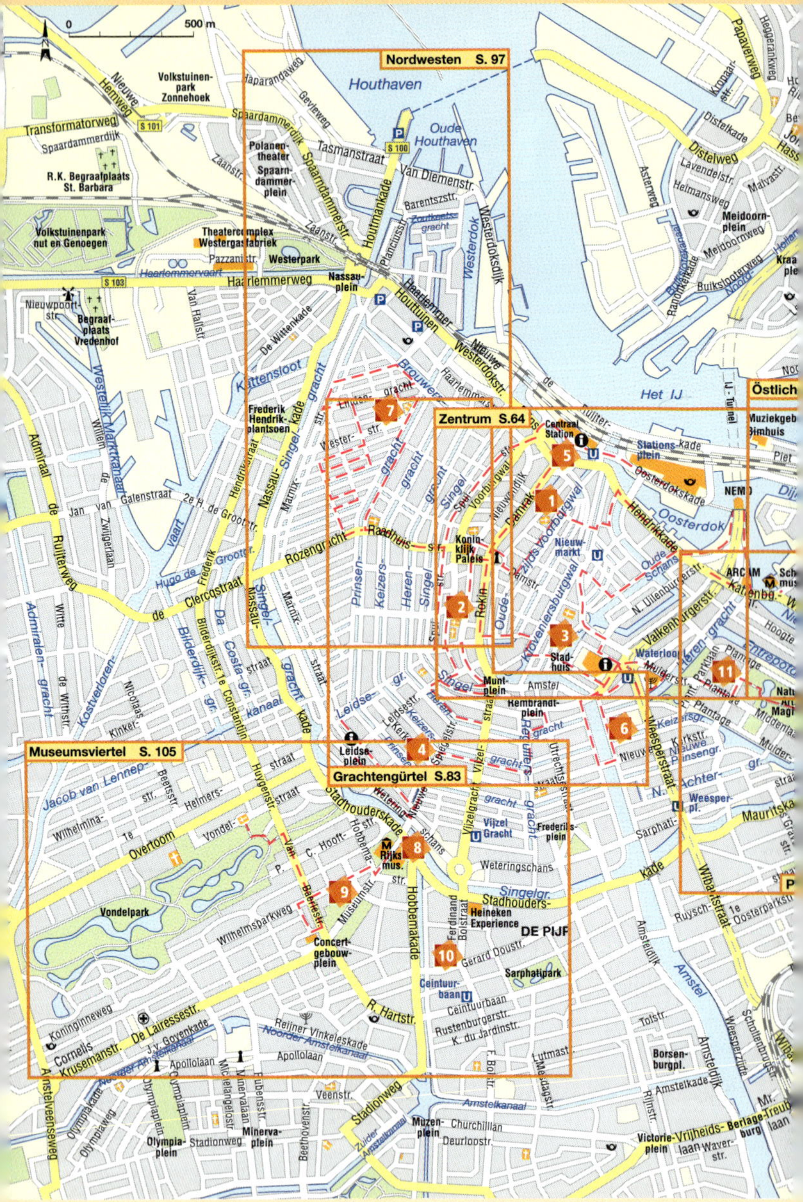
0
500 m
Nordwesten S. 97
Zentrum S.64
Grachtengürtel S.83
Museumsviertel S. 105
Östlich
Houthaven
Oude Houthaven
Het IJ
Oosterdok
Volkstuinenpark Zonnehoek
Transformatorweg
Spaardammerdijk
R.K. Begraafplaats St. Barbara
Volkstuinenpark nut en Genoegen
Theatercomplex Westergasfabriek
Westerpark
Haarlemmerweg
Nassauplein
Begraafplaats Vredenhof
Polanentheater
Spaarndammerplein
Tasmanstraat
Van Diemenstr.
Westerdok
Westerdokdijk
Haarlemmer Houttuinen
Nieuwe Westerdokstr.
Centraal Station
Stations-plein
Oosterdokskade
NEMO
Prins Hendrikkade
Frederik Hendrikplantsoen
Rozengracht
Raadhuisstr.
Koninklijk Paleis
Damrak
Nieuwmarkt
Rokin
Stadhuis
Muntplein
Rembrandtplein
Waterlooplein
Leidseplein
Rijksmus.
Vondelpark
Overtoom
Concertgebouwplein
Stadhouderskade
Weteringschans
Heineken Experience
DE PIJP
Sarphatipark
Ceintuurbaan
Frederiksplein
Amstel
Amstelkanaal
Noorder Amstelkanaal
Apollolaan
Stadionweg
Olympiaplein
Minervaplein
Muzenplein
Victorieplein
Borsenburgpl.
Museumstr.
Hobbemakade
Jan van Galenstraat
Clercqstraat
Admiraal de Ruijterweg
Kostverloren-vaart
Bilderdijkstr.
Marnixstraat
Nassaukade
Singelgracht
Prinsengracht
Keizersgracht
Herengracht
Singel
Kloveniersburgwal
Valkenburgerstr.
Plantage
Weesperstraat
Wibautstraat
Sarphatistr.
Mauritskade
Amsteldijk
Artis
Muziekgebouw
Bimhuis
ARCAM
1
2
3
4
5
6
7
8
9
10
11

Zeichenerklärung der Karten

Top 12 Tipp

beschriebenes Stadtviertel (Seite=Kapitelanfang)

32 oder A Sehenswürdigkeiten

5 Tourenvorschlag in Stadt

Autobahn

Schnellstraße

Hauptstraße

sonstige Straßen

Fußgängerzone

Eisenbahn

Staatsgrenze

Landesgrenze

Nationalparkgrenze

POLYGLOTT Top 12

1. Oude Kerk
2. Amsterdam Museum
3. Rembrandthuis
4. Spiegelkwartier
5. Grachtenrundfahrt
6. Hermitage Amsterdam
7. Jordaan
8. Rijksmuseum
9. Van-Gogh-Museum
10. Albert-Cuyp-Markt
11. Hortus Botanicus
12. Östliches Hafengebiet

Reiseplanung

Die Stadtviertel im Überblick

Am…ster…dam – schon der Name ist ein Lockruf, klingt nach großer weiter Welt. Geschäftig und idyllisch, exotisch und gediegen zugleich. Die Stadt am IJ ist die größte Pfahlsiedlung auf dem Globus und ein internationaler Publikumsmagnet. Ihr Herz schlägt zwischen den eleganten Fassaden der Patrizierhäuser und den lauschigen Grachten aus dem 17. Jh., doch das Geld wird im Rotlichtviertel, in den Glaspalästen am IJ und in den Gewächshäusern des Umlandes gemacht. Ihre Bevölkerung ist eine umtriebige, 780 000-köpfige, multikulturelle Mischung aus über 170 Nationalitäten mit allen Hautfarben dieser Welt. Die recht große Toleranz der Amsterdamer gegenüber fast allem Fremden hat sich über die Jahrhunderte bewährt; heute ist jeder dritte Bewohner ein Einwanderer. Folglich gibt es karibische Märkte und koschere Metzgereien, südamerikanische Folklore und russische Kulturzentren, altholländische Käsegeschäfte neben Galerien mit moderner Kunst. Eigenwillig und vor allem sich selbst treu steigen typische Amsterdamer auch in sündteuren Designerklamotten aufs rostige Fahrrad oder gießen vor dem Besuch einer Vernissage in der Abendsonne die Cannabispflänzchen auf ihrem Balkon. Ihre Lässigkeit, Verträumtheit und ihr steter Wandel machen die Stadt der Individualisten für Touristen reizvoll und interessant – bei jedem Besuch aufs Neue.

Im **Zentrum** zwischen dem verschnörkelten Hauptbahnhof, der Centraal Station, und dem Munttoren am südlichen Ende des Backstein-Boulevards Rokin schlägt das touristische und kommerzielle Herz von Amsterdam. Hier müssen sich prächtige Fassaden, kleine Museen und versteckte Idyllen anstrengen, um nicht von knallbunten Schaufensterdekorationen und umlagerten Straßencafés ins Abseits gedrängt zu werden. Das zentrale Dauergedränge ist noch dichter, seit die Großbaustelle rund um den Hauptbahnhof die Menschenmassen zu verwirrenden Umwegen zwingt. Deshalb ein Tipp für alle, die an der Centraal Station ankommen: Lassen Sie sich von der Menschenwoge bis zum Dam tragen, setzen Sie sich ein paar Minuten auf die Stufen des Nationaal Monument und genießen Sie den Blick auf die prächtige Front des Koninklijk Paleis im Westen. Starten Sie dann zu Ihrer Besichtigungsrunde: geradeaus zur Nieuwe Kerk mit ihren spannenden Wechselausstellungen, nach links durch die enge Kalverstraat zum Amsterdam Museum und in den Begijnhof oder nach rechts zur Beurs van Berlage und ins Rotlichtviertel De Wallen, auch Walletjes genannt, rund um die Oude Kerk. Ruhig ist das Stadtzentrum nur am Montagvormittag, wenn die meisten Geschäfte geschlossen sind. Wer es mit Muße genießen will, sollte den frühen Morgen dafür einplanen.

Im Jordaan wird die Prinsengracht zur dörflichen Wasserstraße

Nirgendwo auf der Welt ist eine mittelalterliche Stadt schöner aus allen Nähten geplatzt als im **Grachtengürtel:** Um Wohnraum für die rasant wachsende Bevölkerung zu schaffen, wurden ab 1612 die noblen Straßenzüge der Heren-, Keizers- und Prinsengracht als dreifacher konzentrischer Bogen um das alte Zentrum angelegt. Die schmucken Patrizierhäuser, in denen neben Reedern und reichen Kaufleuten auch die Stadtherren Amsterdams *(Heren Regeerders)* lebten, zählen bis heute zu den begehrtesten Wohn- und Geschäftsadressen der Stadt. Einige Museen wie das Anne-Frank-Huis, das FOAM oder die Hermitage Amsterdam erlauben Einblicke in die Höfe und Gärten hinter den prachtvollen Fassaden. Flaneure und Genießer, die den Blick über die Vielfalt der Giebel schweifen lassen wollen, riskieren dabei allerdings, über ein Fahrrad, einen schiefen Pflasterstein oder einen der allgegenwärtigen »Amsterdamertjes« zu stolpern. Diese Straßenpoller mit dem Stadtwappen trennen die Gehwege von den Fahrbahnen und verhindern das zügellose Parken neben den vornehmen Wasserstraßen. Reizvoll ist es auch, dieses Quartier auf dem Wasserweg zu erkunden, etwa bei einer Grachtenrundfahrt am späten Nachmittag.

Der **Nordwesten** Amsterdams war ursprünglich ein Wohnbezirk der kleinen Leute. Zur Zeit der Stadterweiterung Anfang des 17. Jhs. siedelten sich hier viele Handwerker, Arbeiter und Matrosen an. In den

Sozialer Wohnungsbau der Amsterdamer Schule: Het Schip

1970er-Jahren eroberten Studenten, Jungunternehmer und Künstler das Viertel. Der westlich der Prinsengracht gelegene Jordaan präsentiert sich heute als fröhlich-buntes Biotop kreativer Querschläger: hip, schräg, voller Kitsch, Kram und Fantasie. Hier befindet sich alles in stetigem Wandel; bei jedem Streifzug lassen sich neue Galerien, Szene-Shops und winzige Restaurants entdecken. Der Unterschied zwischen dem Schaufenster eines Ateliers und einem mit Erinnerungsstücken zugepackten, privaten Fensterbrett ist dabei fließend. Ob Sie den versteckten Zugang zu einem der malerischen Hofjes suchen oder, einmal falsch abgebogen, zufällig die abenteuerlichsten Handtaschendesigner der Stadt entdecken – der Jordaan steckt voller Überraschungen.

Als Kontrast zu diesem engen Idyll schließt sich im Nordwesten ein städteplanerisches Highlight an: Die großen Straßenzüge rund um den Westerpark entstanden Ende des 19. Jh. als Erweiterungsgebiet für die wachsende Stadt. Ausgedehnte Industriekomplexe, Getreidesilos am Hafenbecken und Wohnblöcke für Arbeiterfamilien kennzeichnen das Viertel, dessen Struktur geprägt ist von der sozial engagierten Bauweise der Amsterdamer Schule. Ein Paradebeispiel dafür ist der Komplex Het Schip am Spaarndammerplantsoen, ein fantasievoll konstruierter Ozeanriese aus rotem Klinkerstein.

Abwechslungsreich, komplex und überwältigend gestaltet sich der Kulturgenuss im berühmten **Museumsviertel** südlich der Singelgracht, wo das Rijksmuseum, das Van-Gogh-Museum und das Stedelijk Museum für Moderne Kunst – eingeschränkt durch langwierige Umbau- und Erweiterungsarbeiten – ihre weltbekannten Sammlungen präsentieren. Doch Kultur bewegt sich hier weit über den musealen Rahmen hinaus: In den Straßen irritieren die Werke der Gegenwartskünstler, die Luft füllen Klänge aus dem Concertgebouw und in den Ausstellungsräumen der Diamantenschleifereien glitzern kostbarste Juwelen.

Vielfarbige, multiethnische Vitalität zeigt sich im Vondelpark und im Viertel De Pijp, wo man auf dem Albert-Cuyp-Markt lautstark um Kundschaft und Schnäppchen feilscht. Diese kleinen Welten mit ihren strapazierfähigen, kameradschaftlichen Nachbarschaften machen den Zauber von Amsterdam aus: Man kennt sich im Viertel, man streitet sich, man grüßt sich trotzdem und bemüht sich um Respekt füreinander, schließlich lebt man in derselben Straße.

Im Osten des Zentrums, wo der Grachtengürtel abrupt vor Gewächshäusern und einem Wald aus hohen Bäumen endet, liegt das schicke **Plantage-Viertel,** nach seinen beiden wichtigsten Straßen, der Hoogte und der Laagte Kadijk, auch Kadijken genannt. Besuchermagneten sind hier der Hortus Botanicus, eine Oase der Ruhe im Großstadtgetriebe,

Amsterdamer Lebensgefühl

Wer hart arbeitet, soll auch fröhlich feiern. Diesen Grundsatz beherzigen die Amsterdamer so oft wie möglich. Der größte Feiertag des Jahres ist der Koninginnedag am 30. April. Dann steigt in den Niederlanden eine riesige Party. Gefeiert wird der Jahrestag der Krönung von Königin Beatrix, wie auch die Erinnerung an ihre Eltern, Königinmutter Juliana und Prinz Bernhard. Beide wurden sehr verehrt und verstarben im Jahr 2004.

Die höchsten Wellen schlägt dieser nationale Freudentaumel für die Monarchie am Dam, am Leidseplein und im Vondelpark. Das ganze Zentrum ist mit Imbissbuden, Musikbühnen und Verkaufsständen gepflastert. Die Außenbezirke sind ein einziger riesiger Flohmarkt. Das Bier fließt in Strömen, in den Grachten schwimmen Badewannen, fantastische Kähne und Tausende von Plastikbechern an den überhitzten Partygängern vorbei.

Amsterdam ist das kulturelle Zentrum des Landes und zugleich sein politisches Ventil. Die Stadtbewohner sind stolz auf ihr Image als Trendsetter in jeder Lebenslage, auch wenn sie von ihren konservativeren Landsleuten deshalb gerne als hochnäsig bezeichnet werden. Die Amsterdamer sind bekannt für ihre Experimentierfreudigkeit und ihren Widerspruchsgeist: In den späten 1960er-Jahren gingen sie z. B. für die sexuelle Revolution und gegen die Staatsmacht auf die Straße. In den 1980er-Jahren formierte sich in Amsterdam die homosexuelle Szene des Landes, während sich die Krakers, die Hausbesetzer, für den sozialen Wohnungsbau stark machten.

Kurzum: Ob einfallsreiche Provos oder Konsumkids, Friedensbewegte oder ökologisch-dynamische Stadtneurotiker – die Amsterdamer haben die Nase vorn, sind widerspenstig aus Prinzip, aber dabei immer voller Humor!

und Natura Artis Magistra (meist in der Kurzform »Artis« genannt), der älteste Zoo auf dem europäischen Kontinent mit Aquarium, Planetarium und geologischem Museum. Einen Besuch lohnt auch das reich bestückte Tropenmuseum mit seinem vielfältigen Angebot für Kinder. Stolze Bürgerhäuser des 19. und 20. Jhs. sowie die modernen architektonischen Kunstwerke am Alexanderplein machen dieses ruhige, freundlich-gediegene Quartier für Besucher zusätzlich reizvoll.

Nicht nur die glanzvolle Vergangenheit, sondern auch die Zukunft wohnt in Amsterdam am Wasser: Vor allem im **Östlichen Hafengebiet** entstand mit den klinkerroten Lagerhäusern des IJ-Hafens, den eigenwilligen Baukörpern auf KNSM-Eiland und dem zinkverkleideten Wohnhaus The Whale auf Sporenburg in den vergangenen Jahren ein mondäner Lebensraum für die junge städtische Elite. Mit der typischen Nonchalance der Amsterdamer haben die gut verdienenden Siedler das hypermoderne stadtplanerische Konstrukt ihren Vorstellungen angepasst: Mal durchbrechen wild wuchernde Sonnenblumen die strenge Reißbrett-Silhouette, dann konterkariert ein weiß lackierter Lattenzaun die reduzierte Eleganz einer Passage, auch Gartenzwerge samt Schneewittchen wurden schon beim Angriff auf die kühle Symmetrie der Sichtachsen beobachtet. Es macht schlichtweg Spaß, diese neue Welt des Wohnens von außen zu erkunden.

Nähere Einblicke in Bau-Philosophie und architektonische Details erhält man bei einer geführten Tour durch den Archipel, wie das Östliche Hafengebiet inzwischen meist genannt wird.

Neue Architektur bestimmt das Bild im Östlichen Hafengebiet

Die schönsten Touren

Amsterdam für Tagesbesucher

Centraal Station › Dam › Rokin › Rijksmuseum › Vondelpark › Leidseplein › Grachtenrundfahrt

Dauer und Distanz:
Reine Gehzeit ca. 5 Std., insgesamt 1 Tag; 7 km

Verkehrsmittel:
Straßenbahn Linie 5 ab Centraal Station zum Museumsplein (24-Stunden-Ticket 7 €) oder per Grachtenschiff Canal Bus bzw. Hop-on-Hop-Off-Canalhopper (Tagesticket 22 €)

Was tun, wenn man ein paar Stunden Aufenthalt am Flughafen Schiphol hat oder die Zeit nur für eine Stippvisite an der Amstel reicht? Nun, die wichtigsten Attraktionen der Stadt kann man im Schnelldurchlauf an einem Tag schaffen – mit etwas Sportsgeist sogar zu Fuß.

Bei den Tourist-Informationsbüros auf Gleis 2 sowie direkt vor der ***Centraal Station** › S. 66 erhält man Tagestickets für die zentralen Tramlinien oder die Grachtenboote, deren Haltestellen bzw. Anleger nur wenige Schritte entfernt liegen, und schon kann die Erkundung losgehen: Den zentralen Stadtplatz **Dam** rahmen im Uhrzeigersinn das ****Koninklijk Paleis** › S. 75, die ***Nieuwe Kerk** › S. 74, das Kaufhaus Bijenkorff, das Grand Hotel Krasnapolsky und Madame Tussauds Wachsfigurenkabinett stimmungsvoll ein. Beim Gang entlang der prächtigen Fassaden auf dem Boulevard **Rokin** – oder durch die parallel verlaufende Einkaufsstraße Kalverstraat – erreicht man im Süden den **Munttoren** › S. 77. Dort beginnt der Blumenmarkt am ***Singel** › S. 77. Nach einem kurzen Bummel durch das **Spiegelkwartier** im **Grachtengürtel** › S. 90 steht man vor der neoklassizistischen Front des ****Rijksmuseum** › S. 110, wo trotz Umbauarbeiten die weltberühmten Werke flämischer und holländischer Meister, Rembrandts »Nachtwache« eingeschlossen, in der Ausstellung »The Masterpieces« (Die Meisterwerke) im Philipsflügel zu sehen sind.

Ein Spaziergang im ***Vondelpark** › S. 107, ein Imbiss im Café Vertigo oder in einem der Cafés rund um den Leidseplein stärken für den letzten typisch Amsterdamer Programmpunkt, eine knapp zweistündige **Grachtenrundfahrt** › S. 23 durch das »Venedig des Nordens«.

Ein Wochenende an der Amstel

Rijksmuseum › Van-Gogh-Museum › Vondelpark › Leidseplein › Rembrandtplein › Blumenmarkt am Singel › Begijnhof › Jordaan › Anne-Frank-Huis › Dam › KSNM- und Java-Eiland

Dauer und Distanz:
2 Tage; 15 km

Verkehrsmittel:
Ab Centraal Station mit den Straßenbahnen 2 oder 5 bis Hobbemastraat; Rückfahrt vom Vondelpark ins Zentrum mit den Straßenbahnen 1, 2 oder 5. Wer nachts vom Rembrandtplein zurück ins Zentrum fahren will, kann die Nachtbusse N 354, N 353 und N 70/71 nutzen (4 € pro Fahrt). Für Gruppen ab 8 Pers. organisiert Toptours (www.toptours.net) Architektur-Kreuzfahrten ins Östliche Hafengebiet; das maritime Viertel rund um das Schifffahrtsmuseum wird regelmäßig von Schiffen der Reederei Lovers angesteuert. Start: Anleger an der Prins Henrikkade am nördlichen Ende des Damrak, ab 13 €; Anmeldung unter Tel. 020/530 10 90, www.lovers.nl.

Der erste Tag eines Wochenendes in Amsterdam kann ganz im Zeichen der großen Kunst stehen: Rembrandt, Vermeer und die flämischen Meister sind mit ihren weltberühmten Gemälden in der Ausstellung »The Masterpieces« zu sehen, die auch während der Umbauarbeiten am ****Rijksmuseum** › S. 110 (voraussichtlich noch bis Ende 2013) im Philipsflügel zugänglich ist. Ausgestellt ist weiterhin eine Auswahl an Werken der Bildhauerei und des Kunsthandwerks, darunter Möbel, Glas- und Silberschmiedearbeiten. Wenige Schritte weiter gibt es »Van Gogh total« – im Original in Öl, Kohle, Bleistift und Aquarellfarben sowie auf Poster, Mousepads, Kaffeetassen und Regenschirme gedruckt. Für einen Besuch im berühmten ****Van-Gogh-Museum** › S. 111 dürfen auch Museumsmuffel etwa zwei Stunden einplanen.

Danach sollte Zeit sein für eine Pause im nahen ***Vondelpark** › S. 107, einem englischen Landschaftsgarten mit sommerlichem Kleinkunstprogramm und beliebten Terrassencafés. Sobald an den Grachten die Laternen angeschaltet werden, vollzieht sich der fließende Übergang zum Nachtleben. Dem Feierabend-Bier folgen ein zweites und drittes »Bierje«, an den Theaterkassen am **Leidseplein** bilden die Besucher erwartungsfrohe Grüppchen, während sich das Partyvolk am **Rembrandtplein** in Stimmung trinkt. Jetzt ist die schönste Zeit für einen Bummel durch den Grachtengürtel, für romantische Langzeit-

Auf der Amstel herrscht reger Schiffsverkehr

belichtungen der ***Magere Brug** › S. 92, gefolgt von einem Abendessen in einem der originellen Restaurants an der Utrechtsestraat, am ***Spui** › S. 77 oder rund um die **Noorderkerk** › S. 99, wo bei schönem Wetter die Gasträume auf die Straße verlagert werden.

Der zweite Tag beginnt fröhlich-bunt mit einem Bummel über den Blumenmarkt am ***Singel** › S. 77, wo die unglaubliche Vielfalt und Buntheit der Tulpen zu Spontankäufen verführt. Wer will, kann seinen Strauß einer der alten Damen im ****Begijnhof** › S. 76 überreichen, die mit Engelsgeduld die Besucherströme vor ihren Fenstern ertragen. Der nördliche Ausgang aus dem idyllischen Innenhof führt direkt zum ***Amsterdam Museum** › S. 75, einem ehemaligen Waisenhaus, wo die reiche 750-jährige Stadtgeschichte präsentiert wird. In einer mit Glas überdachten hohen Passage des historischen Museums, der **Schuttersgalerij**, hängen 16 sehenswerte Monumentalgemälde von Amsterdams selbstbewussten Schützengilden.

Hält man sich nun immer westwärts und orientiert sich dabei am Westertoren, dem Turm der ***Westerkerk** › S. 86 mit der blau-rot-goldenen Kaiserkrone, erreicht man in wenigen Minuten den ****Jordaan** › S. 99, das verwinkelte Quartier der einfachen Leute. In seinen originellen Läden und versteckten idyllischen Innenhöfen, den **Hofjes,** werden ständig neue Geschäftsideen geboren. Viele davon sind kulinarischer Art: Dem hungrigen Besucher wird vom amharischen Eintopf bis zu veganen Süßspeisen alles geboten. Wer sich für jüngere Geschichte interessiert, sollte am Nachmittag das ****Anne-Frank-Huis** › S. 86 in der

Prinsengracht 263 besuchen, in dem sich die aus Frankfurt stammende jüdische Familie Frank bis 1944 versteckt hielt. Über die Radhuisstraat erreicht man dann den **Dam** › S. 73, den zentralen Stadtplatz, um den sich das ****Koninklijk Paleis** › S. 75, die ***Nieuwe Kerk** › S. 74, das Einkaufszentrum Magna Plaza und das schicke Grand Hotel Krasnapolsky gruppieren. Im »Kras« übrigens trifft man sich traditionell zum High Tea im Jugendstil-Wintergarten. Wer sich dagegen für zeitgenössisches Bauen interessiert, sollte sich jetzt zum Anleger Prins Hendrikkade begeben, wo Bootsrundfahrten ins Östliche Hafengebiet starten.

Kultur total in Amsterdam

Rijksmuseum › Van-Gogh-Museum › Stedelijk Museum › Spiegelkwartier › Grachtenrundfahrt › Hermitage Amsterdam › Jüdisches Viertel › Rembrandthuis › Tuschinski Theater › Begijnhof › Amsterdam Museum › Oude Kerk › Museumshafen › Östliches Hafengebiet › Hortus Botanicus

Dauer und Distanz:

4 Tage (verlängertes Wochenende); 22 km

Verkehrsmittel:

Bus und Straßenbahn (96-Stunden-Ticket 19,50 €); Leihfahrrad ab 7,50 € pro Tag. Die Haltestelle Hobbemastraat der Straßenbahnen 2 und 5 (ab Centraal Station) bzw. Museumplein der Straßenbahnen 3 (ab Centraal Station) und 12 (ab Amstelstation) liegen rund ums Rijksmuseum. Die Hermitage Amsterdam erreicht man mit der Metro, Ⓜ **Weesperplein**. Ins Östliche Hafengebiet fahren die Straßenbahn 26 oder die Buslinien 42 und 43 (Haltestellen KNSMlaan bzw. Borneolaan). Vom Hortus Botanicus verkehren die Straßenbahnen 9 und 14 zurück ins Zentrum.

Nach intensivem Kunstgenuss vor den weltberühmten Gemälden im ****Rijksmuseum** › S. 110, im ****Van-Gogh-Museum** › S. 111 und im frisch renovierten **Stedelijk Museum** › S. 112 führt der Bummel über den immer belebten Museumsplein vorbei am ***Concertgebouw** › S. 113 zurück zur Stadhouderskade und über die Spiegelgracht hinein ins **Spiegelkwartier** ›S. 90 mit seinen Antiquitätenläden und kleinen Idyllen am Wasser. Auch das Fotografiemuseum **FOAM** › S. 91 an der Keizersgracht und die prächtigen Patrizierhäuser an der **Gouden Bocht**, dem goldenen Bogen der **Herengracht** › S. 90, sind lohnende Ziele. Den stimmungsvollen Abschluss des ersten Reisetages bildet eine abendliche Grachtenrundfahrt. Sie kann mit Candlelight Dinner gebucht oder nach diversen thematischen Schwerpunkten ausgesucht werden.

Als Dependance der St. Petersburger Eremitage zeigt die **Hermitage Amsterdam** › S. 93 Kunstwerke von Weltrang aus der Sammlung der Zaren. Danach führt ein Fotobummel von der ***Magere Brug** › S. 92 zur **Blauw Brug** › S. 92 und hinein ins alte **jüdische Viertel,** wo vor allem die **Portugese Synagoge** › S. 79 und das ****Rembrandthuis** › S. 80 einen Besuch lohnen. Schließlich kann man den Tag im plüschigen Kinopalast **Tuschinski Theater** › S. 96 oder mit einem Kneipenbummel rund um den großen Rembrandtplein ausklingen lassen.

Ein echter Rembrandt

Da es morgens im ****Begijnhof** › S. 76 angenehm ruhig ist, sollte diese Idylle am Vormittag des dritten Reisetages besucht werden. Nach einem Rundgang durch das ***Amsterdam Museum** › S. 75 erreicht man über die Kalverstraat den **Dam** › S. 73 und den Rotlichtbezirk **Walletjes** › S. 70, wo sich gegen Mittag die ersten Prostituierten in ihren Schau-

Stadtspaziergänge

Eine interessante Alternative zur Erkundungstour auf eigene Faust sind die Stadtspaziergänge, die Künstler, Studenten und Pensionäre gegen ein kleines Honorar anbieten. Sie zeigen den Besuchern neben bekannten Attraktionen versteckte Plätze, idyllische Gärten und Insider-Kneipen.

- Ältere Amsterdamer haben sich in einer Gilde namens **Mee in Mokum** (Tel. 020/625 44 50, www.gildeamsterdam.nl) zusammengefunden. Sie bieten zwei- bis dreistündige Spaziergänge durch das Zentrum oder den Jordaan an, bei denen sie Fakten aus der Stadtgeschichte mit Anekdoten anreichern (Di–So 11 Uhr; bei Voranmeldung auch Führung auf Deutsch möglich).
- **Urban Home Garden Tours** veranstaltet Exkursionen in die sonst unzugänglichen Privatgärten im Grachtengürtel (Tel. 06/21 68 19 18; www.uhgt.nl, Führungen auf Niederländisch und Englisch).
- Moderne Architektur präsentieren fachkundige Führungen von **Architour** (Tel. 06/12 46 46 28, www.architour.nl) oder **ArchEX** (Tel. 020/422 20 44, www.archex.info), die auch auf Deutsch angeboten werden.

fenstern rund um die ***Oude Kerk** › S. 71 räkeln. Dem Oudezijds Voorburgwal nach Norden folgend, passiert man das ****Museum Amstelkring** › S. 72 mit seiner »Schlupfkirche« auf dem Speicher. Folgt man der viel befahrenen Prins Hendrikkade nach Osten, schiebt sich bald die fantasievolle Backsteinfassade des ***Scheepvaarthuis** › S. 66 – heute das Grand Hotel Amrath – ins Blickfeld. Spätestens jetzt sollten Sie sich Karten für ein Konzert im gläsernen Klotz des **Muziekgebouw** › S. 41 oder für eine Vorstellung in einem der vielen Theater gönnen, denn das musikalische und dramatische Angebot ist in Amsterdam außerordentlich reich und angenehm avantgardistisch.

Zwei weitere Highlights versüßen anderntags den Abschied: Im Museumshafen ist der Nachbau des **Ostindienseglers »Amsterdam«** › S. 67 zu sehen. Von der glanzvollen Vergangenheit zur spektakulären Zukunft der Stadt führen dann die Straßenbahnlinie 25 oder die Busse Nr. 42 und 43 ab ***Centraal Station** › S. 66: Mitten hinein in das hypermoderne Siedlungsgebiet IJburg, in das Archipel der künstlichen Inseln **Java-Eiland, Sporenburg, Borneo** und **KNSM-Eiland** im **Östlichen Hafengebiet** › S. 123, das man am besten im Rahmen einer geführten Tour erkundet › S. 17. Wer danach keine Pause braucht und z. B. bei einem Spaziergang durch den altehrwürdigen ***Hortus Botanicus** › S. 117 entspannt, ist ein wirklich belastungsfähiger Städtereisender.

Das jüdische Amsterdam

Joods Historisch Museum › Dokwerker › Portugese Synagoge › Waterlooplein › Jodenbreestraat › Rembrandthuis › Anne-Frank-Huis

Dauer und Distanz:

ca. 3,5 Std.; 3 km

Verkehrsmittel:

Startpunkt ist die Ⓜ **Waterlooplein**; mit der Straßenbahn 14 (Richtung Slotermeer) fährt man am Grachtengürtel entlang bis zur Haltestelle Westermarkt in der Nähe des Anne-Frank-Huis.

Seit dem 17. Jh., als die ersten Händler und Handwerker vor dem Grauen der Inquisition in die liberale Handelsmetropole Amsterdam flohen, hat sich »Mokum«, das Judenviertel, als Stadt in der Stadt schnell entwickelt. Einen beeindruckenden Überblick über die Traditionen und Geschichte der unterschiedlichen Bevölkerungsgruppen, ihren Glauben sowie ihre Verfolgung durch Nazi-Deutschland und seine niederländischen Kollaborateure erhält man im **Joods Historisch Museum › S. 78 an der Nieuwe Amstelstraat. Nur wenige Schritte weiter steht der **Dokwerker** › S. 79, ein Denkmal, das an den Protest der Hafenarbeiter gegen die Deportation der Juden 1941 erinnert.

Die nahe **Portugese Synagoge** › S. 79 ist eines der religiösen Zentren der Stadt und zudem die größte Synagoge der Welt. Große Teile des jüdischen Viertels fielen nach dem Zweiten Weltkrieg den ehrgeizigen Baumaßnahmen der Stadtväter zum Opfer, z. B. dem **Stadhuis** mit dem **Muziektheater** › S. 78 am **Waterlooplein** › S. 78. Vorbei an der **Mozes en Ääronkerk** › S. 80 spaziert man durch die **Jodenbreestraat** › S. 80, in der heute nur noch wenige alte Gebäude erhalten sind, zum Haus Nr. 4–6, dem ****Rembrandthuis** › S. 80, in dem sich ein Museum dem Leben und Werk des Malers widmet.

Für die letzte Station dieses Spaziergangs durch die jüdische Stadtgeschichte muss man einmal quer durch die Innenstadt Richtung Westerkerk bis zur Prinsengracht 263 gehen. Dort erinnert das ****Anne-Frank-Huis** › S. 86 an das Schicksal der Kaufmannsfamilie aus Frankfurt, die sich ab 6. Juli 1942 in einem Hinterhaus vor den NS-Schergen versteckt hielt, bis sie am 4. August 1944 verraten wurde.

Touren und Ausflüge

Touren in der Stadt	Stadtviertel	Dauer	Seite
Zwischen IJ und Dam	Zentrum	3 Std.	66
Südliche Innenstadt	Zentrum	4 Std.	75
Giebeldefilee am Wasser	Grachtengürtel	6 Std.	85
Vom Volksviertel zur In-Adresse	Nordwesten	4–5 Std.	99
Grüne Oasen und Kunsttempel	Museumsviertel	4 Std.	107
Exotik und Tradition	Plantage-Viertel	3 Std.	117
Inselhüpfen futuristisch	Östliches Hafengebiet	5–6 Std.	125
Ausflüge	**Lage**	**Dauer**	**Seite**
Aalsmeer und Keukenhof	35 km südwestlich	1 Tag	130
Radtour ins Waterland (Zaandam, Zaanstad, Edam, Volendam, Monickendam, Broek in Waterland)	20 km nördlich	1 Tag	130
Große Kunst in Haarlem	20 km westlich	1 Tag	134
An die Nordseeküste (Wijk aan Zee, IJmuiden, Zaandvoort)	30 km westlich	1–2 Tage	135

Klima und Reisezeit

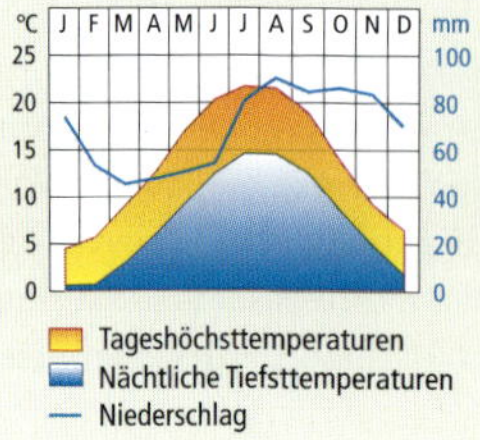

Statistisch gesehen sind das Frühjahr und der Herbst die trockeneren Jahreszeiten, doch sollte man immer mit kurzen Regenschauern rechnen, die von der Nordsee her über die Stadt ziehen. Darum gehört eine Regenjacke auch in den Sommermonaten ins Gepäck. Es dauert jedoch meist nicht lang, bis der Westwind die Wolken wieder weggeblasen hat. Dieser Westwind sorgt jedoch auch dafür, dass die gefühlte Temperatur im Winter wesentlich tiefer liegt als die gemessene: Selbst wenn die hartgesottenen Amsterdamer noch bei Minusgraden ohne Handschuhe und Mütze durch die Kälte »fietsen«, brauchen Besucher doch wind- und wasserfeste Kleidung.

!! Aufgrund seiner einzigartigen Lage, seiner Architektur, seiner Geschichte, seines lebendigen Kulturlebens und seines vielfältigen Freizeitangebots übt Amsterdam enorme Anziehungskraft auf Touristen aus aller Welt aus: Die Stadt ist ein Besuchermagnet.

Geradezu überlaufen ist sie an den folgenden Terminen, die man meiden sollte, wenn man sich in Menschenmassen nicht wohl fühlt: Das Wochenende um den Koninginnedag am 30. April; Amsterdam Pride mit Canal Parade und schwulen Straßenpartys im gesamten Stadtgebiet am letzten Wochenende im Juli; der Einzug des Sinterklaas mit seinen Zwarte Pieten am dritten Wochenende im Dezember; alle Wochenenden, an denen Ajax Amsterdam oder die Niederländische Fußballnationalmannschaft einen bedeutenden Sieg erringen wollen oder errungen haben!

Eigentlich ist in Amsterdam das ganze Jahr über Saison. Das Gros der Touristen nimmt die Stadt zwischen April und Juli in Beschlag. Dann sind nicht nur bequeme und bezahlbare Hotelbetten rar, sondern auch freie Plätze in den Straßencafés, bei Konzerten oder im Theater. Die Schlangen vor den Museen werden dann außerordentlich lang.

Beschaulich wirkt Amsterdam im Spätherbst, nach Neujahr und im Hochsommer, wenn Schulferien sind – je nach Schultyp und Altersstufe meist von Ende Juni bzw. Mitte Juli bis Mitte oder Ende August – und Familien mit Kindern in den Urlaub fahren. Dann sind die Musentempel weniger voll; allerdings sind dann auch einige der kleineren Geschäfte und manche Restaurants geschlossen.

Anreise

Obwohl Amsterdam für Autofahrer ein Albtraum ist, kommen viele Besucher mit dem eigenen Fahrzeug, um dann stundenlang im Stau zu stehen, im Gewirr von Einbahnstraßen, Radfahrern und Straßenbahngleisen zuerst die Orientierung und dann die Nerven zu verlieren. Daher sollte man den Wagen in der Hotelgarage oder auf einem bewachten Parkplatz stehen lassen. Der Bau der neuen U-Bahn-Linie erschwert das automobile Fortkommen zusätzlich. Auskünfte über den Fortschritt der Großbaumaßnahme, die bis ca. 2015 Verkehrsbehinderungen auf dem Stationseiland verursachen und Umwege nötig machen wird, erhält man im Informationszentrum Stationsplein 7, Di–Fr 10–17 Uhr, So 11–16 Uhr, www.stationseiland.amsterdam.nl/english.

Mit dem Auto

Die Fernautobahn E 35 führt über Arnhem und Utrecht direkt auf den Ring Amsterdam A 10. Die Wege zum Großparkplatz Transferium an der Amsterdam Arena sowie ins Stadtzentrum sind gut ausgeschildert. Auf niederländischen Autobahnen gilt Tempo 120, auf den Landstraßen Tempo 80, in geschlossenen Ortschaften Tempo 50 km/h. Wer trotz des drohenden Verkehrschaos mit dem eigenen Auto anreist, sollte sich bei der Tourist Information das Faltblatt besorgen, in dem sämtliche Parkmöglichkeiten innerhalb der Stadt aufgelistet sind, und die folgende Website konsultieren: www.iamsterdam.com/de, weiter über den Link »I Amsterdam – Visiting«, dann über »Praktische Informationen« und »Parken in Amsterdam«.

!! Wird ein Auto falsch geparkt, setzt die »Parkeerbeheer« eine Radkralle an. Die Kralle wieder loszuwerden, kostet Zeit und mindestens 105 €. Wenn der Pkw nach 24 Std. abgeschleppt wurde, zahlt man zusätzlich 150 €. Über das weitere Prozedere informiert das Ordnungsamt (Tel. 020/251 33 22).

Die gelbe Kralle für Falschparker

Per Flugzeug

Der internationale Flughafen Schiphol liegt ca. 20 km südwestlich von Amsterdam (Flughafeninfos unter Tel. 020/794 08 00 und Tel. 0900/01 41 (aus den Niederlanden, 0,40 €/Min.), www.schiphol.nl. Maschinen aus 225 Städten in 90 Ländern landen dort. Tagsüber pendelt alle 20 Min. ein Schnellzug zwischen Schiphol und Hauptbahnhof. Mindestens alle 30 Min. verkehrt der Connexxion Schiphol Hotel Shuttle zu über 100 Hotels im Zentrum (www.schiphol hotelshuttle.nl). Ein Taxi in die Stadt kostet ca. 45 €.

Per Bahn

ICE-, EC- und die CityNightLine-Züge »Donaukurier«, »Pegasus« und »Pollux« aus Deutschland, Österreich und der Schweiz fahren über Köln und Emmerich nach Amsterdam. Bei manchen Verbindungen muss man in Venlo oder Utrecht umsteigen. Preisgünstig bringen sog. Treintaxis Bahnfahrer von der Centraal Station (Hauptbahnhof) zu ihrem Ziel (Tel. 09 00/876 46 82). Vor dem Bahnhof fahren öffentliche Verkehrsmittel in alle Richtungen ab. Die **bestens bewachte Gepäckaufbewahrung** der Centraal Station ist ideal für durchreisende Tagesbesucher, denn sie ist tgl. von 5.30 bis 23 Uhr geöffnet. Die Schließfächer rechter Hand der Haupthalle kosten, je nach Größe, 4–6 € pro 24 Std.

Stadtverkehr

U-Bahn, Straßenbahn und Bus

Für U-Bahn, Straßenbahnen und Busse gelten im ganzen Land einheitliche Zeit- und Streifenkarten, die man an Fahrkartenschaltern, Kiosken und in den Büros der Tourist-Information kaufen kann. Der Großraum Amsterdam ist in elf Tarifzonen unterteilt. Für Touristen ist hauptsächlich die Zone Centrum von Interesse. Eine Fahrt entspricht zwei abgestempelten Streifen. Die einfache Fahrt kostet 2,60 €. Wer schwarzfährt, riskiert 37, 40 € Bußgeld, das sofort zu entrichten ist.

Wer Amsterdam authentisch erleben möchte, fährt mit dem Rad

Die U-Bahnlinien führen über die Centraal Station in die Außenbezirke. 16 Straßenbahnlinien bringen Besucher im 10-Min.-Takt zu allen Sehenswürdigkeiten. Da lohnt sich eine Tageskarte für 7 € (48 Std. 11,50 €, 72 Std. 15,50 €, 96 Std. 19,50 €). Auch die weißen »Opstappen«-Minibusse erschließen das Zentrum. Nach 23 Uhr sind stündlich Nachtbusse im Einsatz (Do–So alle 30 Min.).

Vom Wasser aus hat man den besten Blick auf die Grachtenhäuser

Entsprechende Fahrpläne erhält man in den Büros des Gemeentevervoerbedrijf, der Behörde für den öffentlichen Nahverkehr, z.B. im GVB-Infobüro, Stationsplein 15; Mo–Fr 7–21, Sa, So 10–18 Uhr oder auf der Webseite www.gvb.nl.

Schiffsverkehr

Selbstverständlich erschließt der öffentliche Nahverkehr die Stadt auch über ihre Wasserstraßen. Die Fähre über das IJ setzt vom Terminal hinter dem Hauptbahnhof regelmäßig nach Amsterdam Noord über. Fahrplanmäßig pendeln zudem die Canal-Bus-Schiffe der Canal Company (Weteringschans 26, Tel. 0900/333 44 42, www.canal.nl) auf drei Routen zwischen Centraal Station und Rijksmuseum mit 14 Haltestellen, z. B. am Leidseplein oder am Anne-Frank-Huis.

Nach demselben Prinzip funktioniert das Museumboot der Reederij Lovers (Prins Hendrikkade, Tel. 020/530 54 12, www.lovers.nl). Ohne Museumsbesuche dauert die Rundfahrt 90 Min., gegen Vorlage des Tagestickets gewähren mehr als 10 Museen reduzierten Eintritt. Museumsboot und Canal-Bus-Schiffe stellen eine preiswerte Alternative zur Grachtenrundfahrt dar.

Wer Amsterdams Gewässer auf eigene Faust erobern will, kann bei Canal Bike (Weteringschans 26, Tel. 0900/333 44 42) Tret- und Ruderboote leihen. Fast alle Reedereien an der Prins Hendrikkade, am Damrak und an der Stadhouderskade bieten **Grachtenrundfahrten zu verschiedenen Themen** sowie nächtliche Arrangements an. Ihre rundum verglasten Aussichtsschiffe verkehren ganzjährig im Stundentakt.

Special

Mit Kindern in der Stadt

Amsterdam ist eine kinderfreundliche Stadt. Ihre Fülle an Angeboten für unter 18-Jährige ist enorm. Auch für den Nachwuchs spannende Arten der Stadterkundung sind eine Grachtenrundfahrt › S. 23 oder eine Tour mit den nostalgischen Straßenbahnen der Museumtramlijn (www.museumtramlijn.org).

Museumsbesuche

Wissenschaft, die Spaß macht, vermittelt das **NEMO** › S. 66 durch seine überraschenden Experimente, seine Testvorrichtungen und die klaren Antworten auf sämtliche Fragen zu naturwissenschaftlichen und technischen Phänomenen, die kleine (und große) Menschen haben. Wenn der (Kinder)kopf schwirrt, lohnt sich ein Ausflug auf das schräge Dach des futuristischen Gebäudes: Dort liegt Amsterdams größte Sonnenterrasse mit Liegestühlen, Sandkasten und Cocktailbar.

Im Kindermuseum des **Joods Historisch Museum** › S. 78 beantwortet die freundliche Familie Hollander – Vater, Mutter und drei Kinder – auf Niederländisch und Englisch alle Kinderfragen über den Alltag, die Essens- und Fastengebote sowie die religiösen Rituale in einem modernen jüdischen Haushalt. Für Besucher unter zwölf Jahren kostet das pädagogisch bestens aufbereitete Angebot nicht einmal Eintritt.

»Hinter jedem Exponat steckt eine Geschichte!«, sagen die Museumspädagogen im **Tropenmuseum** › S. 120 und erzählen von den Sonnenkulten der Maya und von bunten Särgen aus Ghana. Weil Anfassen und Selbermachen spannender ist als passives Zuhören, bieten sie Mittwoch nachmittags und an den Wochenenden ihr ethnographisches Wissen in bunten Happen an: spezielle Rundgänge sowie kreative Workshops für Kinder von 4 bis 13 Jahren. Die Betreuer sprechen Niederländisch, Englisch und meist auch Deutsch.

Das im ehemaligen Frachter »Hendrika Maria« untergebrachte **Woonbootmuseum** › S. 88 an der Prinsengracht gibt einen anschaulichen Eindruck davon, wie es sich auf dem Wasser lebt.

Die gesamte Königsfamilie, alle holländischen Fußballstars sowie internationale Filmprominenz kann man in **Madame Tussauds** wächsernem Panorama bestaunen. Und nicht nur das: Man darf die Superstar-Bühne betreten, mitsingen, auf dem Hightech-Tanzboden in der Music Zone tanzen, und Fotos mit den ausgestellten Stars machen. Für junge Besucher ist ein Date mit Spiderman oder Captain Jack Sparrow sicher eine reizvolle (wenn auch nicht eben preiswerte) Idee.

Madame Tussauds
Dam 20][Tel. 020/522 10 10
www.madametussauds.nl
tgl. 10–17.30 Uhr

Begegnungen mit Tieren

Während zu den 8000 Tieren im Zoo **Artis** › S. 118 zahlreiche Exoten zählen, sind auf dem **Kinderbauernhof De Bijlmerweide** im Südosten der Stadt heimische Nutztiere zu Hause. Streichelzoos begeistern nicht nur die kleinen Besucher.

■ Bauernhof De Bijlmerweide,
Provincialeweg][Tel. 020/695 11 49
www.bijlmerweide.nl
Di–So 8.30–17 Uhr

Spaß im Freien

Für kleine Handwerker ist der **Abenteuer- und Bauspielplatz** im Rembrandtpark ein reizvolles Terrain, während Burgenbauer auf den (künstlichen) Stränden am IJ und in der Südstadt zu Schaufel und Eimer greifen können.

■ Bouwspeelplaats ´t Landje
Rembrandtpark][Tel. 020/618 36 04
Juli/Aug. tgl. 10–17.30 Uhr

Theater und Literatur

Das **Jeugdtheater De Krakeling** führt in einer Turnhalle Stücke für Kinder von 2–17 Jahren auf.

Zumindest einen Blick lohnen die beiden Kinderbuchläden **De Kinderboekwinkel.**

■ Jeugdtheater De Krakeling
Nieuwe Passeerdersstraat 1
http://krakeling.nl

■ De Kinderboekwinkel
Rozengracht 34, Voorburgwal 344

Kulinarische Genüsse

Im Kinderkochlokal **Kinderkookkafé** dürfen Kinder von 5 bis 12 Jahren unter Anleitung ein Menü kochen und es anschließend mit ihren Eltern verspeisen.

Die Konditorei **Taart van m'n Tante** sprengt mit ihren Kreationen die Grenzen mütterlicher Backkunst: Fußbälle aus Biskuit, Comicfiguren mit buntem Zuckerguss – alles ist originell und schmeckt unwiderstehlich.

■ Kinderkookkafé
Vondelpark 6B][Tel. 020/625 32 57
www.kinderkookkafe.nl

■ Tart van m'n Tante
Ferdinand Bolsstraat 10
tgl. 9–18 Uhr ●

Sport und Aktivitäten

Lust auf Bewegung? Na dann, los! Kaum eine andere Großstadt animiert ihre Bewohner und Gäste so zum aktiven Mitmachen wie Amsterdam. Mit dem Fahrrad kann man sich so sportlich wie problemlos in den städtischen Alltag integrieren › Special S. 28, Tret- und Ruderboote erlauben die aktive Betätigung auf dem Wasser, für passionierte Inline-Skater werden regelmäßig Touren angeboten. Die Amsterdamer haben ein Faible für Fitnessübungen mit Spaßfaktor wie z.B. Schlittschuhlaufen auf der Eisbahn oder Indoor-Skiing bzw. Snowboarding.

Strandleben

Der **Strand West** am Stavangerweg 900 ist mehr als ein Streifen Sand am Wasser, er ist eine Freizeitinstitution mit Liegewiesen, Cocktailbars, einer coolen Lounge, abendlichen Konzerten, Events und einem angenehm bunten Besuchermix (Tel. 020/682 63 10, www.strand-west.nl, im Sommer tgl. 10–23 Uhr).

Als modernes Quartier mit jungen, hippen Bewohnern braucht die Siedlung IJburg im Östlichen Hafengebiet natürlich auch einen sommerlichen Treffpunkt zum Chillen: Man relaxt am **Strand Blijburg** (Bert Haanstrakade 204, Tel. 020/416 03 30, www.blijburg.nl).

Joggen und Inline-Skating

Ideale Bedingungen zum Joggen und Skaten bieten der **Vondelpark** › S. 107 und der **Amsterdam Bos** › S. 115. Jeden Freitag um 20.15 Uhr startet am Café Vertigo im Vondelpark der **Friday Night Skate** über 20 km – außer bei Nässe (www.fridaynightskate.nl). Skates verleiht Skate Dokter (Vondelpark 7, Tel. 06/21 57 58 85, www.skatedokter.nl).

Sauna und Wellness

Mit ihrer prachtvollen Art-déco-Ausstattung im Stil der 1920er-Jahre bietet die **Sauna Deco** die Möglichkeit, im Herzen der Stadt auf stilvolle Weise zu entspannen. Ein Besuch in der Sauna bzw. im Türkischen Hamam, eine professionelle Massage und ein leichtes Essen im Bistro bilden den perfekten Abschluss eines anstrengenden Sightseeing-Tages (Herengracht 115, Tel. 020/623 82 15, www.saunadeco.nl, Mo, Mi–Sa 12–23, Di 15–23, So 13–19 Uhr, Eintritt 21 €).

Eislaufen und Indoor-Ski

Hält der Winter nicht, was er verspricht, können Schlittschuhläufer statt auf zugefrorenen Grachten auf der Kunsteisbahn auf dem **Museumplein** › S. 111 ihre Kreise drehen. Schlittschuhe sind vor Ort ausleihbar. Die

Begeisterte Fans der Weltklassemannschaft Ajax Amsterdam

Kommentare der Passanten nach einer missglückten Pirouette sind zwar spöttisch, aber kostenlos.

Wer Kontraste liebt, verlässt Amsterdams Kern Richtung Westen und fährt in die Randgemeinde Spaarnwoude. Dort kann man sogar im Hochsommer mit Skiern oder dem Snowboard über die 230 m lange Kunstschneepiste der Skihalle **Snowplanet** (Heuvelweg 6–8, Tel. 0255/ 54 58 48, www.snowplanet.nl, Mai–Aug. Mo–Fr 15–23, Sa, So 11–23, Sept.–April Mo–So 9–23 Uhr, Halbtagesticket 33,50 €) wedeln.

Fußball als Zuschauersport

Bei einem Heimspiel von **Ajax Amsterdam** zieht in das Fußballstadion im Südosten der Stadt eine Menschenmasse in Rot-Weiß ein: 50 000 Fans finden Platz unter dem futuristischen Glasdach der **Arena**, die Stararchitekt Rob Schuurman Soeters entworfen hat (Amsterdam Arena, Arena Boulevard 1, Tel. 020/311 13 33, www.amsterdamarena.nl). Falls Ajax nicht spielt, schieben die Footballer der Amsterdam Admirals ihre Gegner über den Rasen oder Popstars bringen die Meisjes zum Kreischen. In der Adventszeit wird auf dem Spielfeld ein gut besuchter Weihnachtsmarkt aufgebaut.

Im Eingangsgebäude des Fußballstadions wurde ein **Ajax Museum** eingerichtet. Wie aus einer Bande Amsterdamer Jungen eine bedeutende Fußballmannschaft wurde, ist dort anhand von Fotos, Trikots, Fußballschuhen und jeder Menge Trophäen nachzuvollziehen. Eine Besichtigung der Arena schließt den Museumsbesuch ein (Arena Boulevard 29, Tel. 020/311 14 44, www.ajax.nl, Eintritt 17,50 €).

Special

Amsterdam per Drahtesel

Eine Alternative zur Stadterkundung per Pedes sind Touren mit dem »Fiets« durch die fahrradfreundlichste Großstadt der Welt. Breite, gut beschilderte Radwege erleichtern die rollende Erkundung. Abstellmöglichkeiten bieten das Fahrrad-Parkboot sowie eine »Fietsgarage« für 10 000 Räder hinter der Centraal Station.

Radverleih

Ein rustikales »Fiets« kann man bei folgenden Anbietern mieten:

- **Mac Bike**
  Verleihstationen am **Stationsplein 5**, am **Waterlooplein 199** und in der **Marnixstraat 220**
  Tel. 020/620 09 85, www.macbike.nl
- **Bike City**
  Bloemgracht 68–70
  Tel. 020/626 37 21][www.bikecity.nl
- **Rent A Bike Damstraat**
  Damstraat 20–22][Tel. 020/625 50 29

Ein Rad kostet pro Tag ab 8,50 €, klassische Hollandräder gibt es ebenso wie Citybikes, Kinderräder und auch Sturzhelme. Beim Verleiher muss der Pass vorgewiesen und eine Kaution in Höhe von 50 € hinterlegt werden.

Geführte Radtouren

Bei den Touren von Yellow Bike stehen mehrere Themen und Routen zur Auswahl.

Yellow Bike
Nieuwezijds Kolk 29
Tel. 020/620 69 40
www.yellowbike.nl

Fahrradtaxi

Wer nicht selbst in die Pedalen treten will, kann sich per Fahrradrikscha zu den diversen Sehenswürdigkeiten chauffieren lassen.

Wielertaxi
Tel. 06/282 47 55 0
www.wielertaxi.nl

Unterkunft

Wer in Amsterdam ein preiswertes, zentrales Hotelzimmer sucht, muss lange im Voraus buchen oder ausdauernd recherchieren. Zwar wurde die Bettenkapazität in der Stadt kräftig erhöht, doch fast nur in den teuren Kategorien. Da die Hotels der oberen Preisklasse außerhalb der Saison häufig nicht ausgebucht sind, bieten vor allem Hotelketten in der Nebensaison attraktive Wochenendarrangements an.

Im Mittelklassehotel kostet ein Bett samt Frühstück um 90 € pro Nacht. Vielen Reisenden mit schmalem Geldbeutel bleiben nur die Jugendherbergen und die lauten, ungepflegten Budgethotels.

Über Suchmaschinen im Internet findet man mit etwas Geduld attraktive Angebote zu tagesaktuellen Konditionen. Doch sind die Hotelbeschreibungen der kommerziellen Vermittler oft geschönt. Zur Gegenkontrolle empfehlen sich Bewertungsportale wie z. B. www.tripadvisor.de.

!! Bei der Zimmersuche helfen gegen eine geringe Vermittlungsgebühr das **Amsterdam Tourism & Convention Board,** Tel. 00 31/(0)20/201 88 00, reservations@atcb.nl und die **Niederländische Fremdenverkehrszentrale** › S. 138, www.holland.com.

Man sollte seine Buchung aber unbedingt vom entsprechenden Haus noch einmal bestätigen lassen, denn sicher ist sicher!

Nobelherbergen im Zentrum

■ Grand Hotel Amrath

Prins Hendrikkade 108
Tel. 020/552 00 00
www.amrathamsterdam.com
Hinter den ohnehin spektakulären Fassaden des Scheepvaarthuis warten 164 Räume mit Jugendstil-Elementen, ein modernes Wellness-Center und perfekter Service auf anspruchsvolle Gäste. ●●●

■ Amstel Intercontinental

Professor Tulpplein 1
Tel. 020/622 60 60
http://amsterdam.intercontinental.com
Die Grande Dame unter den Luxushotels, 1867 eröffnet; von der Terrasse genießt man einen traumhaften Blick über die Amstel. ●●●

■ Hotel de l'Europe

Nieuwe Doelenstraat 2–14
Tel. 020/531 17 77
www.leurope.nl

Hausboot auf Zeit

Sanft kann man sich von den Grachtenwellen in den Schlaf schaukeln lassen, wenn man Quartier auf einem der für Amsterdam so typischen Hausboote nimmt. Eine attraktive Auswahl findet man auf der Webseite www.apartments-houseboats-amsterdam.de (Möglichkeit zur Online-Buchung). Allerdings werden die meisten dieser originellen Unterkünfte nur an 2–4 Personen und wochenweise oder für längere Zeiträume vermietet.

Der neoklassizistische Bau beherbergt das luxuriöseste 5-Sterne-Hotel der Stadt mit Blick auf die Amstel. ●●●

■ **Grand Hotel Krasnapolsky**
Dam 9
Tel. 020/554 91 11
www.nh-hotels.com
Das Hotel bietet u.a. eine Brasserie im Stil des 19. Jhs., einen Jugendstil-Wintergarten, ein Gästebuch voller berühmter Namen und die zentralsten Luxusbetten der Stadt. ●●●

Echt gut!

Stadthotels mit dem gewissen Etwas

■ Das **Grand Hotel Amrath** ist der neueste Stern unter den Luxushotels. Hinter der großartigen Fassade des Scheepvaarthuis herrscht gediegene Eleganz mit originellen Details im Jugendstil › S. 29.

■ Nostalgisches Flair prägt das Hotel **Rembrandt** mit seinen 17 unterschiedlichen Zimmern, die auch für 3 oder 4 Personen und für Familien gebucht werden können › S. 118.

■ Im **Lloyd Hotel** warteten einst die Emigranten auf ihre Schiffe, heute versteht es sich als Schmelztiegel für Amsterdam-Besucher › S. 128.

■ Das **Qbic Hotel** mit seinen funktionalen Wohnwürfeln im World Trade Center vereint witziges Design und bunte Lichtspiele **(Strawinskylaan 241, Tel. 043/321 11 11, www.qbichotels.com)**. ●●

■ Jung, cool, sophisticated und hip – lederweiches Unterstatement und eine Lounge in Pastellfarben bietet das neue **V Frederiksplein (Weteringschans 136, Tel. 020/662 32 33, www.hotelv.nl)**. ●●

Hotels an den Grachten

■ **Ambassade**
Herengracht 341
Tel. 020/555 02 22
www.ambassade-hotel.nl
Über zehn Grachtenhäuser aus dem 17. Jh. erstreckt sich dieses 4-Sterne-Hotel in zentraler und doch ruhiger Lage. Die Zimmer sind teilweise mit Antiquitäten eingerichtet. ●●●

■ **Pulitzer**
Prinsengracht 315–331
Tel. 020/523 52 35
www.pulitzeramsterdam.com
Das schmucke Hotel nutzt 25 historische Grachtenhäuser, jedes Zimmer ist individuell im altholländischen Stil eingerichtet; Querbalken und Treppenabsätze erinnern an die alten Grundrisse. Eigener Bootsanleger für Gäste. ●●●

Preiswerte Quartiere

■ **Amstel Botel**
NDSM-Pier 3
Tel. 020/626 42 47
www.amstelbotel.nl
Schlafen auf dem Wasser kann man in den Kojen im ehemaligen Kreuzfahrtschiff; die Zimmer verfügen über Schallschutzfenster. Wegen der Bauarbeiten auf Stationseiland kann der Ankerort wechseln. ●●

■ **'t Hotel**
Leliegracht 18
Tel. 020/422 27 41
www.thotel.nl
Schnuckeliges Altstadtquartier mit acht gepflegten Zimmern, davon zwei Familienzimmer unterm Dach. Familiärer Touch, kein Aufzug. ●●

■ **Seven Bridges**
Reguliersgracht 31
Tel. 020/623 13 29
www.sevenbridgeshotel.nl

Fünfsterne-Luxus mit Amstelblick bietet das Hotel de l'Europe

Kleines, sehr hübsches Hotel im Stadtzentrum, kein Aufzug. ●●

■ **Acacia**
Lindengracht 251
Tel. 020/622 14 60
www.hotelacacia.nl
Familiäres 14-Zimmer-Hotel mitten im Jordaan, auch Studios für bis zu 4 Personen sowie Hausbootzimmer. ●●

■ **Stayokay Vondelpark**
Zandpad 5
Tel. 020/551 31 33
www.stayokay.com
Nicht nur Jugendliche finden in den Mehrbettunterkünften der Hostel-Gruppe billig und zentral Quartier. Weitere Stayokay-Hostels gibt es in Amsterdam-Zeeburg und Stadsdoelen. ●

Essen und Trinken

Vincent van Gogh hat ihr mit den »Aardappeleters« ein Denkmal gesetzt: der niederländischen Küche. Diese sättigende Hausmannskost auf Kartoffelbasis mit ihrem vielfältigen Einsatz von rohem Hering schien Feinschmeckern lange zu bäuerlich. Doch das ist Geschichte! Amsterdam ist auch in punkto Esskultur eine Welt für sich. Erfolgreich wirbeln hier Chinesen um den Wok, peppen Indonesier ihre Reistafel mit scharfem Sambal auf, kochen Juden koscher und bringen Eritreer gestampfte Hirse auf den Tisch. Assyrische, thailändische und japanische Restaurants wetteifern mit surinamesischen Take-Aways. So viel exotisches Know-how lässt europäische Küchengrößen nicht kalt: Experimente und originelle Ideen sind ausdrücklich erwünscht, das leckere Angebot reicht vom Gourmettempel mit Weltniveau bis zur Fleischkrokette aus dem Selbstbedienungsautomaten. Wer ausdrücklich niederländische Gerichte ausprobieren möchte, sollte auf die weithin sichtbaren rot-weiß-blauen Hinweisschilder »Nederlands Dis« achten. Dahinter verbergen sich Lokale, die regionale Küche zu reellen Preisen bieten.

!! Die Niederländer essen früh zu Abend. In normalen Restaurants gibt es oft nur bis 22 Uhr warme Küche. Zu späterer Stunde sorgen »Nachtrestaurants« wie das Margarita für alle, die noch hungrig sind.

Fein Dinieren im Zentrum

■ Vermeer im Barbizon Palace Hotel
Prins Hendrikkade 59–72
Tel. 020/556 48 85
Mo–Fr 12–14.30, Mo–Sa 18–22 Uhr
Exquisite Fischmenüs und perfekter Service in zeitlos-eleganter Umgebung. ●●●

■ La Rive im Hotel Amstel
Professor Tulpplein 1
Tel. 020/520 32 64
Mo–Fr 12–14 und
Mo–Sa 18.30–22.30 Uhr
In diesem Toprestaurant wird klassische französische und mediterrane Küche vom Allerfeinsten serviert. ●●●

■ New Dorrius
im Holiday Inn Crown Plaza
Nieuwezijds Voorburgwal 5
Tel. 020/420 22 24
Tgl. 11.30–17, 18–23 Uhr
Frisch umgebaut präsentiert das für seine niederländischen Küchenklassiker bekannte Restaurant nun auch leichte Menüs mit Fusion-Finesse. ●●

■ Haesje Claes
Nieuwezijds Spuistraat 273–275
Nieuwezijds Voorburgwal 320
Tel. 020/624 99 98
Tgl. 12–22 Uhr
Hier wird solide Hausmannskost zu günstigen Preisen serviert. Der Andrang ist entsprechend groß. ●●

■ D'Vijff Vlieghen
Spuistraat 294–302
Tel. 020/530 40 60
Tgl. 18–22.30 Uhr
Freche Kombinationen aus Hausmannskost, Nouvelle Cuisine und biologisch-dynamisch erzeugten Produkten hinter der Fassade von fünf historischen Grachtenhäusern. ●●

Fischrestaurants im Zentrum

■ Lucius
Spuistraat 247
Tel. 020/624 18 31
Tgl. 17–24 Uhr
Von Anchovis bis Zander die richtige Adresse für kalorienbewusste Genießer. Je bodenständiger das Rezept, desto besser. ●●

■ Sluizer
Utrechtsestraat 41-45
Tel. 020/622 63 76
Küche tgl. 17–23 Uhr
Delikatessen aus allen Weltmeeren kommen in diesem recht großen, gepflegten Restaurant aufs Feinste zubereitet auf den Tisch. ●●

■ Werkendam
Sint Nicolaasstraat 43
Tel. 020/428 77 44
Tgl. außer Mo 17–1 Uhr
Bei Einheimischen beliebtes Fischlokal mit aufmerksamem Service und gutem Preis-Mengen-Leistungs-Verhältnis. ●●

Asiatische Küche

■ **Treasure**
Nieuwezijds Voorburgwal 115-117
Tel. 020/623 40 61
Tgl. 12–23 Uhr
Chinese im Zentrum mit einer Riesenauswahl an Köstlichkeiten und über die Jahre erworbenem ausgezeichnetem Ruf. ●●

■ **Bojo**
Lange Leidsedwarsstraat 49–51
Tel. 020/622 74 34
Mo–Fr 11–21, Sa, So ab 16.30 Uhr
Asienklassiker mit gutem Ruf nahe des Leidseplein; in bunt-rustikalem Abiente gibt es hier eine würzig-exotische Auswahl an »Rijstafel«-Kombinationen und Snacks. ●●

Günstig, gediegen, zentral

■ **Carel's 3**
Voetboogstraat 6–8
Tel. 020/622 20 80
Tgl. 17–22.30 Uhr
Gemütliche Studentenkneipe mit pfiffiger Auswahl an Gerichten in angenehm großen Portionen. ●

Bei Jamie Oliver wird aufgedeckt

■ **La Margarita Caribbean**
Reguliersdwarsstraat 47–49
Tel. 020/623 07 07
Südamerikanisch-karibisches Lokal mit feinen Cocktails, für Nachtschwärmer bis 2 Uhr geöffnet. ●

■ **Café Karpershoek**
Martelaarsgracht 2
Tel. 020/707 45 80
Mo–Do 7–1, Fr, Sa 7–3, So 9–1 Uhr
Gut besuchte Hafenkneipe seit 1629. Der Fußboden ist noch immer mit Sand bedeckt. ●

Gastro-Brevier

Um folgenreichen Verwechslungen vorzubeugen, ist es sinnvoll, sich den Unterschied zwischen Coffeeshop und Koffiehuis gut einzuprägen.

■ **Eetcafé** – einfaches, preiswertes Speiselokal, oft chinesische Basisküche mit exotischen Extras.

■ **Koffiehuis** – Café mit Angebot an kalten und warmen Getränken, hausgemachtem Kuchen und Snacks.

■ **Coffeeshop** – Kneipe, in der vor allem Marihuana, Haschischkekse und Kifferzubehör für den Eigenbedarf und an Einheimische verkauft werden.

■ **Grand Café** – Amsterdamer Pendant zum Wiener Caféhaus; ein stilvolles Stück Nostalgie mit gepflegter Speisekarte. Inzwischen wieder in Mode.

■ **Proeflokale** – Probierstuben, in denen man früher gratis alkoholische Kostproben erhielt, bevor man eine Flasche Jenever oder eine spezielle Biersorte kaufte. Heute ist nur noch der Eintritt umsonst.

Café in der Nieuwe Doelenstraat

Preiswert und gut im Jordaan

■ Toscanini

Lindengracht 75
Tel. 020/623 28 13
Mo–Sa 18–22.30 Uhr, So Ruhetag. Wer Pasta al dente und Pizza Quattro Stagione liebt, kommt hier auf seine Kosten, muss aber meistens lange auf einen Sitzplatz warten. ●●

■ Café 't Smalle

Egelantiersgracht 12
Tgl. 10–1, Fr/Sa bis 2 Uhr
Traditionelle Stammkneipe im Jordaan; Echt gut! **besonders gemütlich sitzt man auf der Galerie über der Gaststube.** Auf der Speisekarte stehen bunt belegte »stokbroodjes« und deftige Suppen. ●

■ Café Chris

Bloemstraat 42
Tel. 020/624 59 42
Mo–Do 15–1, Fr, Sa 15–2, So 15–21 Uhr
Seit 1624 existiert die urige Schankstube, in der die Bauarbeiter vom nahen Westertoren ihren Lohn ausbezahlt bekamen und ihn wahrscheinlich auch gleich wieder ausgaben. ●

Appetitlich im Museumsviertel

■ Le Garage

Ruysdaelstraat 54–56
Tel. 020/679 71 76
Im Reich von Crazy Cook Joop Braakhekke werden keine Automobile, sondern erschöpfte Stadtmenschen mit

etwas Glanz und Glamour auf Vordermann gebracht: Mo–Fr 12–14 Uhr mit einem Powerlunch und abends tgl. bis 23 Uhr mit internationalen Menükreationen auf der Basis französischer Küchenkultur. ●●●

■ **District 5**
Van der Helstplein 17
Tel. 020/770 08 84
Tgl. außer Di 18–22.30 Uhr
Im angesagten Viertel De Pijp gelegen, verwöhnt dieses gemütliche Restaurant mit Sonnenterrasse seine Gäste mit französisch und italienisch inspirierter Küche. Der nahe Albert-Cuyp-Markt garantiert frische Produkte auf der täglich wechselnden Speisekarte. ●●

■ **Le Campagnard**
Willemsparkweg 6
Tel. 020/662 62 06
Tgl. 9–23 Uhr
Wer nach einem ausgiebigen Stadtspaziergang mit dem großen Hunger kämpft, ist in dieser Brasserie am Vondelpark genau richtig: Üppig belegte Brote, Nudeln mit Biss und der freundliche Service sind genau das Richtige für eine Rast auf der Tour durch das Museumsviertel. ●

Grand Cafés im Zentrum

■ **Café Roux**
Oudezijds Voorburgwal 197
Tel. 020/555 35 60
Tgl. 6.30–22.30 Uhr
Echt gut! **Das Roux ist mehr Brasserie denn Café,** mit superber Küche und einem abstrakten Wandgemälde von Karel Appel. Reservierung ratsam! ●●●

■ **Café Americain**
Leidsekade 97
Tel. 020/556 32 32
Tgl. 9–22 Uhr

Echt gut!

Mit gutem Gewissen schlemmen

■ **Fifteen Amsterdam** heißt das Spitzenrestaurant im Pakhuis Amsterdam, in dem unter der Ägide von Fernsehkoch Jamie Oliver Jugendliche mit krummen Lebensläufen die Verantwortung für Küche, Keller und Service tragen › S. 125.

■ Die poppig bunten Torten, die bei **Tart von m'n Tante** in der Ferdinand Bolsstraat kreiert werden, sind köstlich mundende Sozialarbeit, denn in der Bäckerei arbeiten Lehrlinge aus Problemfamilien › S. 24.

■ Frischer als im **De Kas**, dem eigenwilligen Restaurant von Sternekoch Gert-Jan Hageman im Frankendael Park kann man nicht speisen. Die exquisiten Menüs werden in einem bewirtschafteten Gewächshaus oder im Kräutergarten serviert. Für 125 € schlemmt man gemeinsam mit der Küchenbrigade – Wein inklusive (**Kamerlingh Onneslaan 3, Tel. 020/462 45 62,** Mo–Fr 12–14, 18.30–22, Sa 18.30–22 Uhr). ●●●

■ **Leccornia** ist ein biodynamisch-organisch ausgerichteter Imbiss im Zentrum, der nur die allerbesten Zutaten zu originellen Suppen, Eintöpfen, Wraps und »broodjes« kombiniert (**Haarlemmer Straat 68,** Mo–Sa 12–21 Uhr). ●–●●

■ Im Mini-Bistro **Gartine** trifft man sich zum Frühstück oder Lunchimbiss mit Slow-Food-Philosophie. Die Zutaten kommen größtenteils aus dem Bio-Garten der Besitzer und wer möchte, kann sein eigenes Huhn fürs regelmäßige Frühstücksei adoptieren (**Taksteeg 7,** Di–So 8–18 Uhr). ●–●●

Seit 1902 eine Institution im Eden Hotel mit Art-Nouveau-Innenausstattung und großer Terrasse. ●–●●

■ **Café Luxembourg**

Spui 22–24

Tel. 020/620 62 64

Tgl. 9–23, Fr, Sa 9–2 Uhr

In diesem traditionsreichen, eher teuren Grand Café treffen Nachtschwärmer aufeinander, um die große Weinauswahl zu genießen. ●–●●

■ **Dantzig**

Zwanenburgwal 15

Tel. 020/620 90 39

Mo–Sa 9-1 Uhr, So 10–1 Uhr

Heller, freundlicher Treffpunkt an der Stopera. Auf der großen Terrasse kann man Grachtenboote zählen oder einfach unbeschwert genießen. ●

■ **Café Duláс**

Haarlemmerstraat 118

Tel. 020/624 42 65

Mo, Di 16–1, Mi–So 12–1, Sa 12–3 Uhr

Orientalisch-plüschig und zu jeder Tages- und Nachtzeit gut besucht. ●

■ **Pompadour**

Huidenstraat 12 und Kerkstraat 148

Tel. 020/623 95 54

Mo–Sa 9–18 Uhr

Eine Chocolaterie voller unwiderstehlicher süßer Kaloriensünden, die gleich im Café vernascht werden können. In der Filiale in der Kerkstraat gibt es auch Salziges. ●

Shopping

Das meiste Geld in kürzester Zeit lässt sich niveauvoll in den Luxusläden und Boutiquen der Pieter Corneliszoon Hooftstraat zwischen Stadhouderskade und Vondelpark ausgeben. Sonderangebote und modischer Firlefanz werden in der immer bevölkerten Kalverstraat verkauft. Viele Geschäfte dort sind Filialen weltweit operierender Ladenketten. Auch sonntags sind die meisten von ihnen geöffnet, montags jedoch geschlossen. Neue Sterne am Shoppinghimmel über Amsterdam sind die hippen Läden auf dem KNSM-Eiland sowie die »Negen Straatjes« (»neun Sträßchen«) im westlichen Grachtengürtel, wo derzeit die frechsten und angesagtesten Geschäfte zu finden sind.

Für Schnäppchenjäger lohnen sich Abstecher in den Jordaan, in das Viertel De Pijp hinter der alten Heineken-Brauerei oder in das Gassengewirr des Bethanienviertels im Westen der Altstadt. Abseits der Shoppingmeilen führen Geschäftsleute mit Idealismus und Fantasie ihre »Winkels«, schmucke Lädchen mit einer unglaublichen Fülle der unterschiedlichsten Waren auf kleinster, oft sorgsam und innovativ dekorierter Fläche.

Kaufhäuser im Zentrum

■ **Bijenkorf**

Dam 1

Das renommierte Kaufhaus glänzt mit einfallsreichen Schaufensterdekorationen und frecher Mode von der Stange.

■ **De Kolk**

Nieuwendijk

Modernistisch-verwinkelter Konsumtempel mit teuren Miniboutiquen, Ajax-Fan-Shop, Ethnokunst.

■ **Kalvertoren**

Kalverstraat 212–220

Ein teils hinter alten Fassaden verborgenes neues Einkaufszentrum mit 45 Geschäften und Lokalen.

■ **Magna Plaza**

Nieuwezijds Voorburgwal 182

Hinter der neogotischen Fassade der ehemaligen Hauptpost haben sich neben Global Playern wie Mango, Replay und Elite Fashion exklusive Boutiquen, schicke Bistros und Spezialläden für Herrenmode, Kindermode, Schallplatten, Spieldosen und vieles mehr eingerichtet.

■ **Metz & Co**

Leidsestraat 34–36

Die richtige Adresse für all jene, die ein Faible für kostspielige, modische Wohnaccessoires haben.

Edles im Spiegelkwartier

Zwischen dem Rijksmuseum und einer der feinsten Innenstadtadressen, der Herengracht, lohnt sich das Stöbern nach Antiquitäten und Kunstwerken aus aller Welt. Das Angebot ist exquisit, wird edel präsentiert und hat daher auch seinen (angemessenen) Preis. Doch auch ohne Kaufambitionen ist es ein Genuss, an den schmucken Grachtenhäusern vorbeizuschlendern.

■ **Amsterdam Antiques Gallery**

Nieuwe Spiegelstraat 34

Zusammenschluss von zehn Fachhändlern mit großem Sortiment; Zufallstreffer liegen im Bereich des Möglichen.

Das Edelkaufhaus Magna Plaza im Gebäude der alten Hauptpost

■ **Chagall-Galerie Wuyt**

Spiegelgracht 32

Rund 1000 Arbeiten des russischen Künstlers sind im kleinen Ausstellungsraum dieser Galerie zu bewundern.

■ **Peter Donkersloot Gallery**

Spiegelgracht 14–16

Pop Art und schräge Ölporträts in schweren Rahmen füllen diese eigenwillige Gemäldefundgrube.

■ **Walls Gallery**

Prinsengracht 737

Mit ihren extravaganten Ausstellungen zählt diese Galerie zu den Impulsgebern der Amsterdamer Kunstszene.

■ **Michel Thieme Tribal Art**

Spiegelgracht 20

Experte für traditionelle und moderne Kunst der afrikanischen und asiatischen Völker.

■ **Van Dreven Antiquair**
Nieuwe Spiegelstraat 38
Spezialist für antike Uhren, historische Musikboxen und mechanische Instrumente.

Schickes und Originelles

■ **Jan Jansen**
Rokin 42
Schuh oder Kunst oder beides? Jan Jansen verkauft Kunst in Form von Schuhen. Die Kunstwerke des niederländischen Schuhdesigners werden weltweit in Museen präsentiert. Die Grenze zwischen Design, Kunst und Gehwerkzeug ist bei ihm fließend.

■ **Raak**
Leidsestraat 79
Ausgefallene Designer-Taschen, topaktuelle Accessoires und edle Damenbekleidung auf drei fantasievoll dekorierten Etagen.

■ **Amsterdam Diamond Center**
Rokin 1–5
Tel. 020/624 57 87
www.amsterdamdiamondcenter.nl
Mo–Sa 10–19, Do bis 20.30,
So 11–19 Uhr
Tgl. Führungen durch die Schauwerkstätten des größten Juweliergeschäfts der Niederlande.

■ **Gassan Diamonds**
Nieuwe Uilenburgerstraat 173–175
Tel. 020/ 622 53 33
www.gassandiamonds.com
Tgl. 9–17 Uhr Führung durch die Diamantenschleiferei des global agierenden Erfolgsunternehmens, dem u.a. auch das Amsterdam Diamond Center (s. oben) gehört.

■ **Brillenwinkel**
Gasthuismolensteeg 7
Extravagante und schräge Sehhilfen aus über 100 Jahren für selbstbewusste Individualisten; mit integriertem Brillenmuseum.

■ **Cinemashop Silver Screen**
Haarlemmerdijk 94
Filmplakate, Videos und die gesamte Palette des Kassenschlager-Merchandising à la Hollywood.

■ **De Klompenboer**
Nieuwezijds Voorburgwal 20
Große Auswahl an handgeschnitzten Holzschuhen.

■ **Hajenius**
Rokin 92–96
Bereits seit 1826 der siebte Himmel für Raucher.

■ **Geels & Co.**
Warmoesstraat 67
Kaffeerösterei mit nostalgischem Flair und ausgewähltem Sortiment.

■ **CODE Gallery Store**
Oudezijds Achterburgwall 121
Mitten im Rotlichtbezirk stehen statt käuflicher Damen die – ebenfalls käuflichen – Kreationen 16 niederländischer Jungdesigner in den schummrigen Schaufenstern.

■ **Droog Design**
Staalstraat 7b
www.droog.com
Im Pilot Store des innovativen Design-Kollektivs, das Möbel, Lampen und Accessoires entwickelt, wird neben Klassikern auch die jeweils neueste Kollektion gezeigt.

Trendiges in den 9 Straatjes

Nur wenige Meter vom Dam entfernt, haben sich im westlichen Grachtengürtel neun Gassen zwischen Raadhuisstraat und Leidsegracht zu einem neuen Szeneviertel zusammengeschlossen. Ständig wechselnde Themengeschäfte in Kombination mit originellen In-

Am Koninginnedag wird Amsterdam zum riesigen Flohmarkt

neneinrichtungen und der Spontaneität von Kamikaze-Start-Ups machen einen Bummel durch die »Neun Sträßchen« zu mehr als einem Einkaufserlebnis. Vor dem Shopping lohnt sich ein orientierender Blick auf die Webseite www.theninestreets.com.

■ **Van Ravenstein**

Keizersgracht 359

Niederländische und belgische Top-Labels – z. B. von Viktor & Rolf, Spijkers & Spijkers, Ann Demeulemeester, Maison Martin Margiela.

■ **meCHICas**

Gasthuismolensteeg 11

Handgearbeiteter Modeschmuck aus Halbedelsteinen, mexikanischer Schmuck und Accessoires.

■ **La Savonnerie**

Prinsengracht 294

Seifen und Kosmetik aus natürlichen Zutaten sowie stilvolle Accessoires für Bad und Schminktischchen.

■ **De Kaaskamer**

Runstraat 7

440 Sorten Käse aus ganz Europa machen die Auswahl schwer bis unmöglich.

Kunst und Design im Jordaan

■ **sprmrkt**

Rozengracht 191–193

Hier ist der Name Programm: Neue Outfit-Ideen und schräge Mode werden ohne Vokale, sprich sparsam, inszeniert. Ein Muss für Fashion Victims und solche, die es werden wollen.

■ **Anno**

Westerstraat 35–37

Anno ist die aktuell interessanteste Fundgrube für Vintage-Design aus den 1980er-Jahren.

■ **De Kasstoor**

Rozengracht 202–210

Paradiesische Auswahl an Designermöbeln und dekorativen Einzelstücken.

! Topaktuelle Hinweise auf neue Geschäfte und jüngste Design-Entdeckungen findet man im Internet auf der Website www.amsterdamdesign.info.

Bücher im Zentrum ...

■ **Art Poster Gallery Partout**
Nieuwezijds Voorburgwal 47–49
Drucke, Poster und Postkarten von Kunst bis Kitsch.

■ **Athenaeum Boekhandel**
Spui 14–16
Großes Sortiment an internationaler, aktueller wissenschaftlicher Literatur. Hier gibt es auch alle wichtigen in- und ausländischen Zeitungen.

■ **Galerij Lambiek**
Kerkstraat 132
Comics und Cartoons aus aller Welt.

■ **Intermale**
Spuistraat 251–253
Riesiger Buchladen, primär für homosexuelle Bücherwürmer.

... und im Grachtengürtel

■ **Xantippe Women's Bookshop**
Prinsengracht 290
Alles, was die emanzipierte, feministische oder lesbische Frau zu lesen wünscht.

■ **FOAM Edition**
Keizersgracht 609
Abzüge von Arbeiten international renommierter Fotografen in begrenzter Auflage.

Buch-Tipp **»Frau Antje und Herr Mustermann«** – Augenzwinkernd und mit einem scharfen Blick auf die feinen Unterschiede erklärt Dik Linthout das komplizierte Verhältnis zwischen Niederländern und Deutschen. Sein Buch ist ein sinnvoll-amüsanter Begleiter für die Reise (Ch. Links Verlag, 2010).

Der niederländische Erfolgsautor Geert Mak erhielt den Leipziger Buchpreis 2008 für sein Gesamtwerk, u. a. auch für seine literarische Reise durch die Geschichte und Kultur Amsterdams: **»Amsterdam – Biografie einer Stadt«**, ist als Taschenbuch erhältlich (btb-Verlag, 2006).

Am Abend

Gepflegt in ein klassisches Konzert? Oder heißer Salsa nach Mitternacht? Ein gemütlicher Plausch in einer Kneipe? Kino? Theater? Vernissage? Oder eine Candlelight-Bootsfahrt durch die abendlich beleuchteten Grachten? Wenn es dunkel wird in Amsterdam, fällt die Wahl oft schwer. Zuverlässig erfährt man im Magazin »Uitkrant«, dem monatlichen Veranstaltungskalender, was wann und wo in der Stadt los ist. Nicht weniger als 40 Konzerte und Theatervorstellungen könnte man pro Abend besuchen. Oder über 1000 Cafés und Bars. Oder drei Dutzend Discos ... wobei kein Tourist am wachsamen Türsteher der momentan angesagtesten Läden vorbeikommt. Wohin also soll man sich wenden, wenn die Straßenlaternen die Grachtenstadt in romantisches Licht tauchen? Vergnügungssüchtige peilen am besten den Leidseplein oder den

Rembrandtplein an. Das gesetztere Abendpublikum verteilt sich auf die Musentempel.

!! Aktuelle Hinweise auf Konzerte im Concertgebouw oder im Muziekgebouw/Bimhuis am IJ erhält man im kostenlosen Veranstaltungsmagazin »Uitkrant«, das in vielen Gaststätten und kulturellen Einrichtungen ausliegt.

Karten für Konzerte erhält man in **Amsterdams Uit Buro**, www.amsterdamsuitburo.nl. Der **Ticketshop** am Leidseplein 26/Ecke Marnixstraat ist Mo–Sa 10–19.30 und So 12–18 Uhr geöffnet und verkauft am Veranstaltungstag ab 12 Uhr auch ermäßigte Karten. Online vertreibt **Rang1Tickets** (www.rang1tickets.nl) Eintrittskarten für die großen Konzertevents in den Niederlanden.

Musik, Tanz und Theater

Amsterdam besitzt etwa 40 Theater – das Spektrum reicht von klassischen über experimentelle Stücke bis zum Kabarett. Die Stadt beheimatet zudem zwei renommierte Orchester: das Königliche Concertgebouw-Orchester und das Niederländische Philharmonische Orchester.

Konzerte, Oper, Ballett

■ **Muziekgebouw aan't IJ**
Piet Heinkade 1][Tel. 020/788 20 00
www.muziekgebouw.nl
Auch architektonisch attraktives Ziel für Liebhaber von Weltmusik, Tonexperimenten, Alter Musik und Jazz.

■ **Bimhuis**
Piet Heinkade 3][Tel. 020/788 21 88
www.bimhuis.nl

Nachtschwärmer am Leidseplein

Szenegrößen und Newcomer spielen klassischen und modernen Jazz.

■ **Concertgebouw**
Concertgebouwplein 2–6
Tel. 0900/671 83 45
www.concertgebouw.nl
Wegen seiner fabelhaften Akustik ein beliebter Rahmen für Gastspiele international bekannter Chöre und Orchester mit einem vielfältigen Repertoire von Klassik über Jazz bis Weltmusik. Von September bis Juni kann man mittwochs ab 12.30 Uhr **beim Lunchkonzert den öffentlichen Proben lauschen.** Echt gut!

■ **Muziektheater**
Amstel 3][Tel. 020/625 54 55
www.het-muziektheater.nl
Die »Stopera« auf dem Waterlooplein ist künstlerische Heimat des Nationalballetts sowie des Nederlands Dans Theater mit seinen modernen Choreographien. Sie beherbergt auch das renommierte Opernensemble.

■ **Koningklijk Theater Carré**
Amstel 115–125][Tel. 0900/252 52 55
www.carre.nl
Auf dem Spielplan des 1887 eröffneten Theaters stehen Musical, Tanz, Varieté und Konzerte; in den Wintermonaten tritt ein Zirkus auf.

Sprechtheater und Comedy

■ **Stadsschouwburg**
Leidseplein 26][Tel. 020/624 23 11
www.ssba.nl
Modernes und klassisches Sprechtheater, aber auch Ballett und Tanz.

■ **Boom Chicago**
Leidseplein 12][Tel. 020/423 01 01
www.boomchicago.nl
Stand-up-Comedy und britisch-amerikanisches Entertainment.

■ **Amsterdams Marionetten Theater**
Nieuwe Jonkerstraat 8
Tel. 020/620 80 27
www.marionettentheater.nl
Aufwendige Inszenierungen von Mozart-Opern und Offenbach-Operetten.

Clubszene

Rund um den Rembrandtplein, am Oudezijds Vorburgwal und am Leidseplein müssen Nachtschwärmer nicht weit gehen, um von einer coolen Lounge zur nächsten heißen Dancehall zu wechseln. Clubbing ist derzeit Trend im Nachtleben der Stadt: Man lässt sich treiben, bleibt für einen Drink an der Bar irgendwo hängen und feiert ab ca. 1 Uhr Nachts in einer Großraumdisco ab. Die schwule Szene übrigens trifft sich nach wie vor in den Bars der Seitengassen zwischen Amstel und Reguliersdwarstraat.

Kultur im Westerpark

Echt gut!

Ein vitales Kulturzentrum mit spannendem Angebot inmitten von Industriemonumenten des 19. Jhs. ist der Cultuurpark auf dem umgestalteten Gelände der **Westergasfabriek** › S. 103 (Pazzanistraat 4, Tel. 020/586 07 10, www.westergasfabriek.com). Cineasten treffen sich in **Het Ketelhuis** mit drei Kinosälen und einer angesagten Bar (www.ketelhuis.nl). Außerdem locken Cafés, Theater und Events ein buntes Szenepublikum an.

Discos, Bars und Livemusik

■ **Alto**
Korte Leidsedwarsstraat 115
So–Do 21–3, Fr, Sa 21–4 Uhr
Seit 20 Jahren gibt es hier jede Nacht Live-Jazz und -Funk, vorgetragen von lokalen, aber auch internationalen Szenegrößen.

■ **Arc**
Reguliersdwarsstraat 44
So–Do 16–1, Fr, Sa 16–3 Uhr
Untertags ein elegantes Grand Café, am Abend ein angesagtes Restaurant, nachts eine trendige Bar voller schöner junger Männer, die andere schöne junge Männer zum Drink einladen.

■ **Club NL**
Nieuwezijds Voorburgwal 169
So–Do. 22–3, Fr, Sa 22–4 Uhr.
Opulent ausstaffierter In-Treff für stilbewusste Nachtschwärmer und die Fußball-VIPs von Ajax Amsterdam samt Entourage.

■ **Exit**
Reguliersdwarsstraat 42
Fr, Sa 0–5 Uhr
Die größte Gay-Disco-Lounge-Bar der Stadt organisiert regelmäßig Themenparties und Events, allerdings nur für garantiert homosexuelle Gäste.

■ **Melkweg**
Lijnbaansgracht 234a
Tel. 020/531 81 81][www.melkweg.nl
Tgl. 19–4.30 Uhr

In diesem Multimediazentrum sieht man Filmklassiker und Folkgitarristen, Weltmusiker und Jazzveteranen; nach den Live-Acts ist Disco angesagt.

■ **Paradiso**
Weteringschans 6–8
Tel. 020/ 626 45 21
www.paradiso.nl
Tgl. 20–1 Uhr
Zu Reggae, Salsa und Ethnopop aus Afrika live oder zu DJ-Musik tanzt man in dieser umfunktionierten Kirche. Für Stärkung sorgt das supernette Team in der Brasserie.

■ **Xtra Cold Ice Bar**
Amstel 194–196
So–Do 11.30–24, Fr, Sa 11.30–2 Uhr
Die schickste Gefriertruhe der Stadt ist mit Eisblöcken verkleidet und trotzdem ein heißes Pflaster für Szenegänger.

■ **Zebra Lounge**
Korte Leidsedwarsstraat 14
Mi–So 22–2 Uhr
Hier fließt der Champagner in Strömen. Selig berauscht bewegt sich das Publikum auf zwei Tanzflächen zu House- und Dancehall-Musik.

Kino

Das **Amsterdamer Filmmuseum** › S. 108 und das **Niederländische Filminstitut EYE** ziehen Anfang 2012 vom Vondelpark in einen spektakulären weißen Neubau am Nordufer des IJ um. Dort können Besucher in vier hypermodernen Filmtheatern ein ausgewähltes Raritätenprogramm genießen.

61 weitere Kinos sorgen für reichlich Auswahl; die bekanntesten sind das Tuschinski Theater sowie die Programmkinos De Uitkijk oder Het Ketelhuis mit unterschiedlichsten Filmreihen.

Tanz im Paradiso

Filmkunst und Blockbuster

■ **Tuschinski Theater**
Reguliersbreestraat 26–34
Tel. 09 00/14 58
www.pathe.nl/tuschinski
In den sechs Sälen des prächtigen Art-déco-Theaters laufen aktuelle Hollywoodfilme – im englischen Original!

■ **De Uitkijk**
Prinsengracht 452
Tel. 020/623 74 60][www.uitkijk.nl
Heimische Experimentalfilme und internationale Werke für Cineasten.

■ **Het Ketelhuis**
Westergasfabriek][Pazzanistraat 4
Tel. 020/684 00 90][www.ketelhuis.nl
Anspruchsvolles Programmkino mit 3 Sälen. »Food+Film« nennt sich ein Angebot, das für rund 25 € einen Kinobesuch mit einem 2-Gang-Menü im Restaurant Pacific Parc kombiniert (Tel. 020/488 77 78, www.pacificparc.nl).

Land & Leute

Steckbrief][Geschichte im Überblick][Die Menschen][Natur und Umwelt][Kunst und Kultur][Feste und Veranstaltungen

Steckbrief

Amsterdam

Geographische Lage: Im Nordwesten der Niederlande, an der Mündung der Amstel und des IJ in das IJsselmeer, 52°22'33" nördl. Breite, also etwa auf der Höhe von Berlin, und 4°53'48" östl. Länge (wie Antwerpen oder Brüssel)
Gesamtfläche: 220,37 km^2, davon knapp 20 % Wasserfläche; ein Großteil dieser Fläche liegt unterhalb des Meeresspiegels.
Einwohner: 780 152, davon 307 400 Zuwanderer aus 175 Nationen. In Groot Amsterdam, dem Großraum Amsterdam, leben etwa 1,5 Mio. Menschen.
Bevölkerungsdichte: 3562 Einwohner pro km^2
Verwaltungseinheiten: 15 Stadtbezirke
Sprache: Niederländisch
Landesvorwahl: 0031
Währung: Euro
Zeitzone: MEZ

Lage

Amsterdam liegt etwa 25 km östlich der Nordseeküste, wo die Amstel in die Zuiderzeebucht Het IJ fließt. Das Fundament der Stadt, die auf etwa 90 Inseln gebaut wurde, bilden ca. 5 Mio. Eichen- und Fichtenstämme, die in den morastigen Grund geschlagen wurden. Allein die Centraal Station steht auf etwa 8600 Holzpfählen. Das Koninklijk Paleis, den Königlichen Palast, tragen gar 13 659 Stämme. Heute ersetzt Beton das Holz und aktuelle Bauprojekte erhalten eine solide Unterlage aus Geotextil, Sand und Kies. Die Stadt liegt, wie die übrigen Niederlande auch, zum großen Teil unterhalb des Meeresspiegels. Sie wird von einem etwa 100 km langen Kanalsystem aus 165 Grachten durchzogen, die früher als Transportwege für Waren genutzt wurden. Neben den Wasserwegen prägen großzügige Parkanlagen und die Ulmen an den Grachten das Bild einer grünen Stadt. Unzählige Baudenkmäler aus dem 16., 17. und 18 Jh. zieren den historischen Stadtkern, darunter fast 7000 Kaufmanns- und Lagerhäuser sowie etwa 1200 Brücken. Seit

2010 darf sich der Grachtengürtel in der größten Altstadt Europas mit dem Titel UNESCO-Weltkulturerbe schmücken.

Stadt und Politik

Amsterdam ist die Hauptstadt der Niederlande, der Regierungssitz jedoch befindet sich in Den Haag. In der konstitutionellen Erbmonarchie steht Königin Beatrix von Oranje-Nassau an der Spitze des Staates, ihr Sohn Willem-Alexander ist Thronfolger. In Diskussion ist gerade, ob dessen Frau Maxima dann Königin werden kann oder Prinzessin bleiben wird.

Die Stadtverwaltung untersteht seit 2010 dem sozialdemokratischen Bürgermeister Eberhard van der Laan. Da Amsterdam in 15 Stadtbezirke mit umfassenden Zuständigkeiten und eigenen Etats aufgeteilt ist, prägen Kompetenzstreitigkeiten und taktische Manöver die Kommunalpolitik. Die geplante Fusion der Stadtbezirke mit 14 Stadtrandgemeinden zum Verwaltungsbezirk Randstad Amsterdam, dem 2,5 Mio. Menschen angehören würden, wurde vorerst auf unbestimmte Zeit verschoben. Aktuelle Schwerpunkte der Politik sind die Mammutprojekte »Stadtsanierung« und »Stadterweiterung« mit dem Bau von zeitgemäßen Wohnkomplexen für alle Alters- und Einkommensgruppen. Der öffentliche Personennahverkehr wird ebenfalls massiv ausgebaut – bis 2015 soll das Zentrum fast vollständig autofrei sein. In seiner Struktur verändert werden soll das Rotlichtviertel: Der Stadtrat investiert beträchtliche Summen, damit sich vermehrt Geschäfte in den Walletjes niederlassen und normales Publikum anziehen.

Wirtschaft

Amsterdam hat rund 500 000 Arbeitsplätze in etwa 60 000 Betrieben. An der Peripherie, in Groot Amsterdam, entstand das neue Wirtschaftszentrum der Niederlande: Viele internationale Konzerne unterhalten dort Niederlassungen. Zuwächse verzeichnet v.a. der Dienstleistungssektor: Er sichert rund die Hälfte der Arbeitsplätze. Ein schickes Messezentrum sowie die futuristischen Bürotürme, die die Hafenfront am IJ kontinuierlich verändern, weisen auf die lange Zeit positiven Bilanzen der statusbewussten Banken, Versicherungen und Telekommunikationsfirmen hin. Die Finanzkrise von 2008 führte jedoch u.a. dazu, dass der Staat die in Amsterdam beheimatete ING-Bankengruppe mit 10 Mrd. Euro stützen musste.

Ein vier- bis sechsspuriger Autobahnring umschließt die Region. Einer der großen Arbeitgeber, neben der Brauerei Heineken und dem Amsterdamer Hafen, ist der internationale Flughafen Schiphol, der rund 48 Mio. Fluggäste pro Jahr bewältigt. Ein weiterer wichtiger Wirtschaftsfaktor ist der Tourismus: Dem kosmopolitischen Flair der lebenslustigen Grachtenstadt erliegen jedes Jahr über 8,2 Mio. Übernachtungs- und beinahe 16 Mio. Tagesgäste.

Geschichte im Überblick

27. Oktober 1275 Erste Erwähnung einer Siedlung an der Amstelmündung: Graf Floris V. von Holland verleiht den Kaufleuten und Schiffern in Amestelledamme das Zollprivileg.

um 1300 Der Bischof von Utrecht verleiht Amsterdam die Stadtrechte.

1347 Nach dem »Hostienwunder von Amsterdam« pilgern Gläubige aus halb Europa zur Mirakelkapelle in der Kalverstraat. Auch Kaiser Maximilian I. von Österreich wird dort 1489 von einer Krankheit geheilt. Zum Dank darf Amsterdam die Kaiserkrone im Wappen führen.

1367 Amsterdam tritt der Kölner Konföderation bei, seine Händler und Schiffer dominieren den Getreidehandel zwischen den baltischen Ländern, Flandern und der Rheinregion.

1421 Ein Brand zerstört die Stadt fast vollständig.

1481 Baubeginn der ersten Stadtmauer aus Stein. Schreierstoren, Montelbaanstoren und Sint Antoniespoort sind noch erhalten.

1566 Bildersturm der Reformierten, die 1567 von den Truppen des Herzogs Alba vertrieben werden.

1578 Die Stadt schlägt sich auf die Seite der aufständischen niederländischen Provinzen. Die römisch-katholische Kirche verliert ihre Machtposition. Bis 1630 beherrscht die holländisch-reformierte Kirche das religiöse Leben, danach lassen tolerante Kirchengrößen u. a. den Bau von Synagogen und katholischen Kirchen zu.

1585 Im spanisch-niederländischen Krieg fliehen flämische Kaufleute nach Amsterdam. Ihnen folgen portugiesische Juden und französische Hugenotten, die Geschäftskontakte und Handwerkskünste mitbringen. Die Stadt erlebt eine wirtschaftliche Blüte.

1602 Gründung der Verenigde Oost-Indische Compagnie (VOC), die bis 1796 das Monopol für den Handel mit Gewürzen und Rohstoffen aus Südostasien hält.

1612 Baubeginn für den halbmondförmigen Drei-Grachten-Gürtel sowie das Handwerkerviertel Jordaan.

1631 Rembrandt Harmenszoon van Rijn zieht nach Amsterdam.

1632 Das Athenaeum Illustre, Vorläufer der Universität, wird gegründet.

1648 Amsterdam entfaltet im Goldenen Jahrhundert all seine Pracht als größte Handelsstadt der Welt. Nach 1780 verliert es in Kriegen gegen England und Frankreich einen Großteil der Flotte und büßt die Vormachtstellung ein.

1808 Amsterdam wird offiziell Hauptstadt des von Frankreich eroberten Königreichs der Niederlande. Als Statthalter Napoleons führt dessen Bruder Louis Bonaparte die Regierungsgeschäfte.

1870 Halbkreisförmige Stadterweiterung nach Süden. Der Bau des bürgerlichen Wohnviertels um den Vondelpark sowie der Arbeiterviertel im Südwesten beginnt.

1914–18 Während des Ersten Weltkriegs wahren die Niederlande ihre Neutralität, doch die eingeschränkten Handelsmöglichkeiten stürzen Amsterdam in eine wirtschaftliche Krise.

1928 Amsterdam ist Austragungsort der Olympischen Spiele.

1940 Ohne Kriegserklärung überfallen am 10. Mai deutsche Truppen die Niederlande. Der Amsterdamer Hafen sowie der Flughafen Schiphol werden bombardiert. Am 15. Mai kapituliert die Niederländische Armee, Amsterdam wird besetzt.

1941 Am 25. Februar protestieren Dockarbeiter gegen die Deportation jüdischer Mitbürger. Ihr Streik wird brutal niedergeschlagen. Fast die gesamte jüdische Bevölkerung Amsterdams wird, unter aktiver Mithilfe der niederländischen Polizei, deportiert und in KZs getötet.

1945 Anfang Mai befreien kanadische Truppen Amsterdam.

1966 Während der Hochzeit von Kronprinzessin Beatrix mit Prinz Claus von Amsberg finden Provo-Demonstrationen statt.

1979 Als Protest gegen Wohnraummangel besetzen Krakers Hunderte leer stehender Wohnungen. Die massive Sanierung heruntergekommener Viertel beginnt.

1980 Die Inthronisierung von Königin Beatrix in der Nieuwe Kerk am 30. April begleiten Proteste gegen die Monarchie.

1997 Im »Vertrag von Amsterdam« beschließen die EU-Staaten am 17. Juni eine Stabilitätspolitik zur Einführung des Euro.

2002 Am 2. Februar heiratet Kronprinz Willem-Alexander die Argentinierin Maxima Zorreguieta in der Nieuwe Kerk. Am 6. Mai wird der Republikaner, Rechtspopulist und Islamkritiker Pim Fortuyn von einem Tierschützer ermordet. Auseinandersetzungen in den gesamten Niederlanden sind die Folge.

2004 Kurz nach der Geburt von Thronfolgerin Catharina-Amalia stirbt am 20. März die 94-jährige Königinmutter Juliana. Am 2. November ermordet ein islamischer Fundamentalist den Regisseur und Publizisten Theo van Gogh. Es folgen Brandanschläge auf muslimische Einrichtungen und im Gegenzug auch auf christliche.

2010 Futuristische Bauten wie die neue Bibliothek von Jo Coenen verändern die Stadtsilhouette dramatisch. Bei den Parlamentswahlen im Juni siegen die Liberalen knapp vor den Sozialdemokraten. Die rechtspopulistische Freiheitspartei von Geert Wilders wird drittstärkste Kraft. In Amsterdam amtiert seit Juli der Sozialdemokrat Eberhard van der Laan als Bürgermeister.

2011 Neue Bauprojekte wollen nun auch den schlickigen Boden zwischen Amstel und IJ für unterirdische Park- und Kulturräume nutzen. Allerdings kranken ehrgeizige Pläne wie der Ausbau der Nord-Zuid-Metrolinie an statischen und finanziellen Problemen.

Die Menschen

»Multikulti« ist kein Schlagwort in dieser Stadt, sondern ihr Alltag. Seit dem Mord am islamkritischen Berufsprovokateur und Filmemacher Theo van Gogh durch einen jungen Araber spricht man jedoch lieber von der »multiethnischen« Bevölkerung, in der religiöse und soziale Spannungen sowie Defizite in der Integrationspolitik nicht zu übersehen sind. Wo sind die Grenzen der Toleranz, fragen sich nun die als tolerant bekannten Niederländer. Anders als die farbigen Zuwanderer aus den ehemaligen Kolonien, die sich mit der toleranten Grundmentalität der Amsterdamer arrangiert haben und die guten Seiten der schwarzweiß gestreiften »Zebragesellschaft« in den Vordergrund stellen, ziehen sich vor allem patriarchalisch geprägte Familien aus Nordafrika und dem Vorderen Orient in eine Parallelwelt zurück, die nach ihren eigenen, oft fundamentalistisch verfestigten Regeln funktioniert.

Dabei hat die Toleranz gegenüber fremden Sitten in Amsterdam seit rund 400 Jahren Tradition: Schon im 16. Jh. suchten reiche flämische Kaufleute und arme jüdische Handwerker aus Portugal hier Schutz vor der Inquisition und den spanischen Invasoren. Dieser Zustrom von Geld, Know-how, Handelskontakten und billigen Arbeitskräften bescherte der Stadt einen gewaltigen Wirtschaftsboom. Zur gleichen Zeit wurde in der Satisfactie van Amsterdam verfügt, dass niemand wegen seines Glaubens verfolgt werden dürfe. So kamen Hugenotten, durch den Dreißigjährigen Krieg aus Deutschland vertriebene Handwerker, englische Protestanten und flämische Künstler in die Stadt. Als berühmtester Neubürger zog 1632 Rembrandt Harmenszoon van Rijn aus Leiden nach Amsterdam.

Auch nach dem Goldenen 17. Jh. blieb die Stadt Fluchtburg für verfolgte Religionsgruppen und ethnische Minderheiten aus dem europäischen Raum. Solange die Neubürger das Wirtschaftsleben bereicherten und sich politisch ruhig verhielten, waren sie den toleranten Calvinisten willkommen. Nur im Zweiten Weltkrieg konnten die Amsterdamer Verfolgte nicht mehr schützen: Das jüdische Mädchen Anne Frank aus Frankfurt am Main ist der prominenteste Flüchtling, den die deutschen Besatzer aus seinem Versteck im Hinterhaus der Prinsengracht 263 gezerrt und ermordet haben. Etwa 100 000 Juden wurden während des Zweiten Weltkrieges verhaftet, deportiert und in den Konzentrationslagern der Nazis ermordet. Von den 80 000 Amsterdamer Juden überlebten nur 5000 den Krieg.

Dieses Trauma der Kriegsjahre ist, zusammen mit dem schlechten Gewissen einer oft als skrupellos beschriebenen Kolonialmacht, Ursache dafür, dass die niederländische Regierung vor allem in den 1960er-

Etwa jeder vierte Amsterdamer ist heute ein Immigrant

und 1970er-Jahren Hunderttausende von Menschen aus den ehemaligen Kolonien in Südostasien, Südamerika und der Karibik eingebürgert hat. Ab 1980 kamen zunehmend Asylbewerber ins Land. Neben den 90 000 Surinamern mit niederländischem Pass sind rund 80 000 Marokkaner die größte ausländische Gruppe in der Stadt. Anders als z.B. die etwa 4800 Chinesen passen sich die Nordafrikaner nur schwer dem örtlichen Lebensstil an. Sie ziehen sich eher in ihre sozialen Ghettos zurück. Auch die dunkelhäutigen Molukker warten seit den 1950er-Jahren auf die Rückkehr zu ihren Inseln zwischen Sulawesi und Neuguinea, die ihnen die Regierung der Niederlande versprochen hatte, als sie die Kolonie Indonesien in die Unabhängigkeit entließ. Wer wartet, integriert sich nicht.

Die politischen Erfolge der Rechten lassen die Niederländer seit einigen Jahren einen kritischen Blick auf diese Ghettobildung innerhalb ihrer Gesellschaft werfen und sich fragen, wie die westlichen Werte von

Amsterdamer Drogenpolitik

Neue Wege gehen die toleranten Amsterdamer auch in der Drogenpolitik. Vorbei sind die Zeiten, als Coffeeshops wie das »Bulldog«, »Canna« oder »Crazy Horse« mit ihren Joints und Haschkeksen das Nirwana von Jungtouristen waren. Seit einiger Zeit dürfen Wirte nicht mehr gleichzeitig weiche Drogen verkaufen und Alkohol ausschenken. Und das Rauchen von Tabak ist seit dem 1. Juli 2008 ohnehin strikt verboten. Das turnt ab! Viele Kiffer ziehen sich die Droge konzentriert in die Lunge und sind im Handumdrehen dermaßen »stoned«, dass der Wirt mit ihnen keinen Umsatz machen kann. Andere nehmen das Plastiktütchen mit und rauchen den Joint anderswo, z.B. rund um die Coffeeshops. Dort wird der öffentliche Konsum von Marihuana, Hasch und Cannabis geduldet. Fraglich ist, wie lange noch.

Bei Heroin und Kokain sowie bei den synthetischen Drogen haben Polizeistreifen und V-Männer seit Jahren die Dealer und rund 5000 Junkies im Visier. Für heroinabhängige Niederländer gibt es Resozialisierungsprogramme. Junkies aus dem Ausland werden umgehend ins Heimatland zurückgeschickt. Amsterdam ist längst nicht mehr das Paradies für Drogentouristen. Das hat sogar die bekiffte Szene inzwischen begriffen.

Demokratie und Menschenrechten im Multikulturalismus geschützt werden können. Einerseits wird die Integration insbesondere der Menschen mit muslimisch geprägter Kultur gefordert. Andererseits warnen niederländische Intellektuelle vor der wachsenden Intoleranz gegenüber Einwanderern und ihrer religiösen Prägung. Eine herausragende Figur in diesem Meinungsstreit ist die 2006 ausgebürgerte niederländische Politikerin Ayaan Hirsi Ali, eine vehemente Verfechterin der Rechte muslimischer Frauen. Mit ihr sind sich viele Niederländer einig, dass im Umgang mit Menschen aus anderen Kulturkreisen neue Wege gesucht und gefunden werden müssen.

Natur und Umwelt

Sich in der quirligen Stadt Amsterdam Gedanken über die Natur zu machen, ist scheinbar überflüssig: Die Stadt existiert nur, weil ihre Erbauer die ursprüngliche Natur zähmten und ein von Flüssen durchschnittenes Moor- und Sumpfland mithilfe von Dämmen, Kanälen und Windmühlen trocken legten.

Daher ist Amsterdam ohne den allgegenwärtigen Bezug zum Wasser undenkbar. Die Stadt ist das Resultat eines in Jahrhunderten perfektionierten Umgangs mit dem nützlichen, aber auch gefährlichen Nass. Würde nicht mit 70 Pumpen und 17 Schleusen im Stadtgebiet der Wasserspiegel konstant gehalten, wären die Pfähle, auf denen die prächtigen Grachtenhäuser stehen, längst verfault. Schon ein kräftiger Wolkenbruch – und deren gibt es einige während der Herbststürme – ließe die Kanäle übertreten und die Souterrains volllaufen, würden nicht Wärter den Pegelstand stündlich kontrollieren und regulieren.

Auf die Bedrohung Amsterdams durch den steigenden Meeresspiegel angesprochen verweisen die Wasserbauexperten an der Amstel gelassen auf ihre Professionalität in Deichbau und Schleusentechnik. Schließlich liegt ein Großteil der Stadt schon seit Jahrhunderten unter dem Niveau der Nordsee, ohne wie Atlantis im Meer versunken zu sein. Doch hinter der Coolness verbirgt sich großer Respekt vor dem gezähmten Nass.

Ein konkretes Umweltproblem versuchen die Stadtväter gerade zu bewältigen: den notorischen Amsterdamer Verkehrsstau, der mit seinen Abgasen und seinem Lärm die Lebensqualität in der Stadt stark beeinträchtigt. Mit dem Bau einer neuen U-Bahnlinie, der Noord/Zuidlijn, soll die Innenstadt entlastet und quasi autofrei werden, denn die Trasse vom Buiksluitermeerplein im Norden bis zum World Trade Center ganz im Süden wird größtenteils unterirdisch verlaufen. Allerdings verzögert sich die Fertigstellung des im Jahr 2003 begonnenen Bauprojekts immer weiter. Probleme bereiten der sumpfige Boden, der den Baugrund bildet, und die historische Bausubstanz, die durch den Tunnelbau gefährdet wird. Die geplanten Kosten haben sich mittlerweile verdreifacht, doch insbesondere die Amsterdamer Pendler hoffen sehr, dass der momentane Termin für die Fertigstellung gehalten werden kann: Voraussichtlich 2020 soll die neue Linie in Betrieb gehen.

Kunst und Kultur

Rembrandt, natürlich! An ihm, dem Genius der atmosphärischen Hell-Dunkel-Malerei, kommen Amsterdam-Besucher mit kulturellen Ambitionen nicht vorbei. Rund 600 Gemälde, darunter die monumentale »Nachtwache« im Rijksmuseum, etwa 300 Radierungen und 1500 Handzeichnungen wurden diesem bedeutenden und ausgesprochen geschäftstüchtigen Künstler lange Zeit zugeschrieben.

Inzwischen jedoch haben Kunsthistoriker herausgefunden, dass an manchem echten Rembrandt nur die Signatur vom Meister stammt. Und dennoch: Auch wenn das Denkmal des großen Malers und frühen Meisters des Marketing heute leicht wackelt, so sind die lebhaften und realistischen Gemälde aus dem Hause Rembrandt immer noch ausgezeichnete Wegweiser zu einer spannenden Entdeckungsreise durch das Amsterdam des 17. Jhs.

Die berühmte »Nachtwache« von Rembrandt van Rijn im Rijksmuseum

Alte Meister

Einige der schönsten Gemäldegalerien der Welt machen die Stadt zum Traumziel für Kunstfreunde, obwohl derzeit das Rijksmuseum und das Stedelijk Museum umgebaut werden. Sieben Jahrhunderte Kreativität sind in Amsterdams Kunstmuseen ausgestellt; geprägt vom kargen Dasein der Bauern, vom Pomp der Mäzene und oft vom typisch niederländischen Dickkopf der Künstler, die bevorzugt gegen den Zeitgeist arbeiteten: Rembrandt, der seine Modelle nicht mehr idealisierend abbildete, sondern so, wie sie waren – mit Knollennase und hoher Stirn –, was manchem Auftraggeber missfiel. Oder van Gogh, der Landschaften in Farbflächen auflöste und an seinen Zeitgenossen scheiterte.

Moderne Radikalität

Auch die radikale Konsequenz der Maler, Designer und Architekten aus der Gruppe De Stijl überforderte in den 1920er-Jahren den Kunstsinn der Amsterdamer. Ihr Ziel war es, mittels der Beschränkung auf Grundprinzipien bildnerischer Gestaltung überholte Kunststile zu überwinden. Mit den Primärfarben Rot, Blau und Gelb, den Nichtfarben Schwarz, Grau und Weiß, mit abstrakt-geometrischen Grundformen und unterschiedlich angeordneten linearen Elementen schufen Künstler wie Piet Mondrian, Gerrit Rietveld, Theo van Doesburg und der aus Ungarn eingereiste Vilmos Huszár Modelle für eine bessere Welt, die praktisch und menschenfreundlich sein sollte. Das philosophische Ideal der De Stijl-Bewegung wurde nie Realität, die Künstler jedoch gelten heute als Klassiker der Moderne.

Auch die zeitgenössische Kunstszene in Amsterdam blüht. Am besten informiert man sich über sie und ihre verschiedenen Ableger in den über 140 Kunstgalerien von Amsterdam oder an der jährlich Anfang Mai stattfindenden Art Amsterdam (www.artamsterdam.nl), an der gut 100 Galerien viele nationale Künstler vertreten, angefangen von Armando über Atelier van Lieshout und Rineke Dijkstra bis hin zu Willem van Veldhoven.

Viele Werke zeitgenössischer Meister, wie Aernout Miks Video-Installationen, die Fotos des Duos Jeroen de Rijke/Willem de Rooij und die Bilder von Tim Ayres, Hendri van der Putten, Han Schuil und Toon Verhoef befinden sich im Stedelijk Museum und werden dort in wechselnden Schauen gezeigt.

Max Euweplein: Fabelwesen des Brückenbauers Piet L. Kramer

Architektur

Die Oude Kerk aus dem Jahr 1260 ist Amsterdams älteste Kirche

Nur die Oude Kerk, der Grundriss des Begijnhof sowie die ehemaligen Stadttore Schreierstoren, Montelbaanstoren und Sint Antoniespoort an der Waag sind heute noch sichtbare Relikte aus dem mittelalterlichen Amsterdam. Die Warmoesstraat im Bethanienviertel ist der älteste erhaltene Straßenzug der Stadt.

Als sich die Siedlung an der Amstelmündung ab 1612 in wenigen Jahrzehnten zur Handelsmetropole entwickelte, entstanden die meisten heute noch erhaltenen kulturhistorisch bedeutenden Bauten der Stadt. Reiche Händler und einfallsreiche Baumeister drückten Amsterdam ihren unverwechselbaren Stempel auf: Wie Wachposten stehen die Noorder-, Zuider- und Westerkerk an den Flanken des Grachtengürtels. Nach Entwürfen von Hendrik de Keyser (1565–1621) errichtet, verkünden die ab 1603 erbauten Kirchen das neue protestantische Credo: dezente Pracht und auffällige Türme von außen, im Innenraum jedoch nur die nötigsten Einrichtungsgegenstände. Kein sakrales Blendwerk sollte von der Andacht ablenken.

Gesamtkunstwerk Grachtengürtel

Rund 5000 von insgesamt 7000 denkmalgeschützten Häusern in Alt-Amsterdam stehen im Grachtengürtel, der als städtebauliches Gesamtkunstwerk seit 2010 zum UNESCO-Weltkulturerbe zählt. Diesen Reichtum aus Backstein und Mörtel verdankt die Stadt vor allem dem Stadtbaumeister Jacob van Campen (1595–1657) und seinem Schüler, dem überaus kreativen Architekten Philip Vingboons (1607–1678), Erfinder des Amsterdamer Halsgiebels. Van Campen ließ ab 1612 Arbeiter und Strafgefangene das insgesamt rund 100 km lange Kanalsystem mit über 400 Brücken ausheben und befestigen. In drei Halbovalen umschließen seither die Heren-, Keizers- und Prinsengracht den Stadtkern. An den Ufern der von Ulmen beschatteten Wasserwege reihen sich drei- bis vierstöckige Patrizierhäuser und Kontore, in denen die aromatisch duftenden Schätze der Kaufleute lagerten.

In der abwechslungsreichen Fassadenlandschaft des Grachtengürtels – und vor allem in der Gouden Bocht, dem Goldenen Bogen zwischen Koningsplein und Vijzelstraat an der Herengracht – kann jedermann bestaunen, wozu solides Maurerhandwerk, ein reicher Bauherr und stilistisches Understatement in der Lage waren.

Historismus und Amsterdamer Schule

Erst etwa 200 Jahre später entstanden erneut Bauten, die Architekturgeschichte schrieben: Nach Plänen von Petrus J. H. Cuypers (1827–1921), einem bedeutenden Vertreter des Historismus, entstanden südlich der Singelgracht das opulent verzierte Rijksmuseum, die Vondelkerk und auf drei künstlichen Inseln direkt am Hafenbecken die Centraal Station. Eine Brücke zur Moderne schlug Hendrik Petrus Berlage (1856–1934), der Architekt der Börse. Seine Entwürfe zeichnen sich durch Funktionalität und dekorative Zurückhaltung aus.

Wenig Gefallen fanden die Zeitgenossen an den Siedlungsbauten der »Amsterdamer Schule«, die mit ihren bunten Klinkern und fantasievoll gestalteten Giebelfronten Schwung in den sozialen Wohnungsbau des frühen 20. Jhs. brachten. Erst nach dem Zweiten Weltkrieg, als die Städtebauer die bombardierten Flächen schnell und billig mit Betonquadern aufzufüllen begannen, lernten sie die ausdrucksstarken und soliden Bauten im Amsterdamer Süden und Westen zu schätzen. Die Lücken, die der Bau der U-Bahn in den 1970er-Jahren in die historische Bausubstanz riss, schloss man mit modernistischen Standardbauten.

Bau der Amsterdamer Schule am Spaarndammerplantsoen

Hypermoderne Wohnwelten

Aufsehen erregend kreativ wurden die Architekten mit dem Segen der Amsterdamer Stadtentwickler in den vergangenen 15 Jahren: Das Siedlungsprojekt auf dem früheren Gartenbaugebiet Sloten, die futuristische Ajax Arena, die hypermodernen Wohnviertel im Östlichen Hafengebiet, die Zukunftsstudie Living Tomorrow im Ghetto von Bijlmermeer – kein Monat vergeht, ohne dass wieder ein spektakulärer Bau eines Stararchitekten fertig gestellt wird.

Dreieckige Einfamilienhäuser und monumentale Wohnschachteln, kurvenreiche Fußgängerbrücken und knallbunte Containertürme machen die – einst verwahrlosten – künstlichen Inseln im IJ zur mittlerweile sehr begehrten Wohnlage.

Musik, Tanz und Theater

Der ausgezeichnete Ruf der Amsterdamer Orchester verpflichtet zu anhaltenden Spitzenleistungen: Wenn das Concertgebouworkest oder das Nederlands Philharmonisch Orkest unter der Leitung renommierter Dirigenten auftreten, können sich Musikliebhaber auf einen außergewöhnlichen Abend freuen. Seit 1888 ist die »Schuhschachtel« mit der legendären Akustik, wie die Amsterdamer ihren Musentempel nennen, eine der weltbesten Adressen für klassische Musik. Zwischen 1903 und 1911 dirigierte dort z.B. Gustav Mahler regelmäßig seine eigenen Werke. Bernard Haitink und Reinbert de Leeuw sind die bekanntesten zeitgenössischen Dirigenten, die Amsterdam hervorgebracht hat. Haitink dirigierte von 1961–1988 das Concertgebouworkest und leitete von 2003–2006 die Sächsische Staatskapelle Dresden. De Leeuw komponiert und dirigiert regelmäßig das Concertgebouworkest, die New Sinfonietta Amsterdam sowie den Nederlands Kammerkoor.

Inzwischen hat die Stadt mit den Muziektheatern am Waterlooplein und am IJhaven weitere Top-Adressen für musikalische Highlights. Da die Amsterdamer Orchester und ihre Musiker kaum staatlich subventioniert werden, spielen sie auch speziell niederländische und populäre Musik – vor vollen Sälen.

Die Amsterdamer Rock-, Pop- und Schlagersänger-Szene ist in stetem Wandel. Immer wieder landen Acda & de Munnik einen Hit oder René Froger. Eigentliche Ikone Amsterdams aber war der 2004 mit nur 53 Jahren verstorbene André Hazes. Er wollte zunächst Rock'n'Roll- Star

Niederländisches Theater – ein Exportschlager

Vital ist sie, die Amsterdamer und die niederländische Theaterszene, innovativ und überaus gefragt: Die Toneelgroep ist fest verknüpft mit der Belgischen und der europäischen Theaterszene. Geladene Gastregisseure wie Marthaler, Warlikowski oder Ola Mafalaani stoßen auf ein experimentierfreudiges Ensemble und sorgen z.T. mit Koproduktionen dafür, dass die Amsterdamer auf vielen deutschen und Schweizer Festivals zu sehen sind. Ebenfalls sehr gefragt sind die Regie-Arbeiten von Johan Simons und Paul Koek, den Gründern der Truppe ZT Hollandia. Wer will, kann sich an den großen Häusern in Zürich, Stuttgart, München oder auf der Ruhr-Triennale eine ihrer Arbeiten ansehen und so einen Vorgeschmack auf die ebenso eigenwillige wie grenzüberschreitende niederländische Denkweise bekommen.

werden. Stattdessen avancierte er zum populärsten niederländischen Schlagersänger. Sein Standbild steht im Amsterdamer Viertel de Pijp.

In der Stadsschouwburg sieht man internationale Klassiker und niederländische Theateravantgarde. Die Bühne ist die Heimat der Toneelgroep Amsterdam, der größten Theaterkompagnie der Niederlande, deren anspruchvolles Repertoire von Shakespeare bis Antonioni international Beachtung findet (www.toneelgroepamsterdam.nl).

Das Nederlands Dans Theater, ebenfalls in der Stadsschouwbourg beheimatet, glänzt mit Interpretationen ambitionierter zeitgenössischer Choreographen wie William Forsythe, Mats Ek, Tero Saarinen u.v.a. (www.ndt.nl).

Mit dem Holland-Festival präsentiert Amsterdam jährlich im Juni die internationale Theater- und Musikszene in den Sälen des Muziektheater, der Stadsschouwburg, der Westergasfabriek und des Muziekgebouw aan ‘t IJ (www.hollandfestival.nl). Das Event ist ein Muss für Theaterfans – ebenso wie das zehntägige TF-Theaterfestival Amsterdam, das Anfang September stattfindet und gemeinsam mit dem Amsterdam Fringe Festival eine breite Auswahl holländischer und flämischer Produktionen, Performances, ultramodernes Musiktheater und Life-Art auf den diversen Amsterdamer Bühnen präsentiert (www.tf.nl).

Literatur

Im 17. Jh. war die reiche Handelsstadt das literarische Zentrum des Landes, mit renommierten Verlagen, intellektuellen Zirkeln und angesehenen Dichtervereinigungen, in denen der in Köln geborene Joost van den Vondel (1587–1679) und der im nahen Muiden residierende Pieter Corneliszoon Hooft (1581–1647) ihre Werke vortrugen. Und heute? Heute beschäftigt sich kaum jemand mehr mit den Poeten des Goldenen Jahrhunderts. Vergessen scheint auch der jüdische Philosoph Benedictus Baruch d’Espinosa alias de Spinoza, der 1656 wegen seiner »Irrlehren« aus Amsterdam verbannt wurde.

Dennoch sind große Teile der Weltliteratur ohne Amsterdam nicht denkbar. Es war der Amsterdamer Querido-Verlag in der Keizersgracht 333, der 1933 eine deutschsprachige Abteilung eröffnete, in der er in Nazi-Deutschland verfemte jüdische Autoren und Autorinnen publizierte. Alles, was literarisch auch heute noch Rang und Namen hat, stand auf der Autorenliste dieser Abteilung, von Alfred Döblin über Lion Feuchtwanger, von Irmgard Keun bis Anna Seghers, von Joseph Roth bis Jakob Wassermann, außerdem die gesamte Familie Mann. Der Verleger, Emanuel Querido, wurde 1943 an die nationalsozialistischen Besatzer verraten und zusammen mit seiner Frau in Sobibor ermordet. Beide teilten das Schicksal einer weiteren (unfreiwilligen) Amsterdamer Bestsellerautorin, Anne Frank, deren Tagebuch in einem Hinterhaus der Prinsengracht entstand.

Große zeitgenössische Schriftsteller wie Marten 't Haart, Jeroen Brouwers, Cees Nooteboom, Margriet de Moor, Astrid Roemer und Carl Friedmann alias Carolina Klop publizieren zwar in der Medienstadt, leben aber außerhalb. Der bekannte Querdenker Harry Mulisch (1927–2010), gebürtiger Haarlemer, blieb der Stadt und ihrer detailfrohen Schilderung treu. In Amsterdam schreiben Alfred van Cleef, die Dramatiker Karst Woudstra, Ad de Bont, Judith Herzberg, Inez van Dullemen und Gerardjan Rijnders, die dafür sorgen, dass Niederländisches Drama weltweit auf den Bühnen präsent ist. Das Erfolgsautoren-Paar Leon de Winter und Jessica Durlacher hingegen meldet sich meist aus den USA zu Wort. Auch Simon Carmiggelt (1913–1987), der das widerspenstige, skurrile, unkonventionelle Wesen der Amsterdamer so treffend wie kein Zweiter beschrieben hat, war ein Zugereister – er zog aus dem beschaulichen Den Haag an die Amstel.

Dutch Design

Sie entwickeln den schlanken, einbruchsicheren Briefkasten und die aerodynamischen Kurven von Luxuskarossen, sie erfinden den eleganten Damenschuh mit höhenverstellbarem Absatz, Spielzeug für Mastschweine in Freilandhaltung, einen Regenschirm für Golfsportler und das Basicphone für ältere Benutzer, die mit einem Mobiltelefon nichts als telefonieren wollen. Sie recyclen alte Schubladen zu neuen fragilen Kommoden und entwerfen Stühle aus verknotetem Seil – die niederländischen Designer kennen keine Grenzen in Sachen Material und Formgebung. Ihr innovatives, verspieltes Denken ist weltweit gefragt. Im Rotterdamer Studio Dumbar z.B. entstand das Logo für die Olympischen Sommerspiele 2008 in Peking. Die modischen Kreationen von Marcha Hüskes kleiden nicht nur Prinzessin Maximá. Designerin Ellen Schippers hingegen beeindruckt mit ihren gewagten Outfits aus Leder und Latex vor allem Rockstars und Tänzer.

Dutch Design bei Möbeln und grafischen Arbeiten, in der Mode und im Produktdesign ist ein Erfolgsschlager. Es glänzt mit frischen Konzepten auf einer soliden pragmatischen Basis, bei denen prinzipiell die Funktionalität im Vordergrund steht. Klare Linien und oft poppige Farben werten die Entwürfe auf – und mehren die Zahl ihrer Bewunderer. So entschied sich die japanische Post für das Briefmarkendesign eines Niederländers, so zeichnet Adrian van Hooydonk für die Linie der BMW-Limousinen verantwortlich und Designerin Roswitha van Rijn erobert mit ihren Stilettos aus Fischleder die Catwalks.

Das Lloyd Hotel an der Oostelijke Handelskade ist das inoffizielle Designzentrum der Stadt. Dort gibt es nicht nur 16 Zimmer, die von Nachwuchstalenten und Stars der Szene eingerichtet wurden, sondern auch eine Karte für eine informative Designroute durch Amsterdam (www.lloydhotel.nl, www.design.nl, www.dutchfashionfoundation.com).

Vor dem Koninklijk Paleis

Kunst von der Straße

Das kreative Potenzial der Amsterdamer Kulturszene tobt sich auch in alternativen Zirkeln und Kleinsttheatern aus, bringt eifrig provokante Choreographien, umstrittenes Tanztheater und schräge Dramen auf die Bühne, die das Kunstverständnis der Mehrheit häufig in Frage stellen. Die Spannung hält an: Ob junge Wilde, Graffiti, esoterische Träumereien oder Ethno-Art, ob Video-Aktionismus oder Kunst auf der Straße, die Szene der Stadt sprüht vor Fantasie und kreativer Kraft, gerade in dem Wissen, dass nicht jedes Werk im Museum landen wird. Zunehmend interessant werden die Mode- und Designszene: Die Amsterdam Fashion Week schickt niederländische Talente wie Elke Lutgerink zu den großen Schauen nach Paris und im Rotlichtbezirk erhalten Jungdesigner subventionierte Verkaufsflächen, um ein modebewusstes Publikum in die Schmuddelecke der Altstadt zu locken. Industriedesign und originelle Einzelstücke aus Amsterdam machen weltweit Furore.

Feste und Veranstaltungen

Februar: **Schweigemarsch** am **25. Februar** zum Gedenken an den Streik der Hafenarbeiter gegen die Deportation der jüdischen Mitbürger durch die nationalsozialistischen Besatzer im Jahre 1941; auch der **26. Februar** ist **nationaler Gedenktag.**

März: Am Monatsende swingt die Stadt beim **Bluesfestival,** zu dem jedes Jahr bekannte Musiker aus den Vereinigten Staaten und Fans aus aller Welt anreisen.

April: Hochsaison im nahen Blumenmeer von Keukenhof. Der **30. April** ist im ganzen Land **Koninginnedag.** Gefeiert werden der Krönungstag von Königin Beatrix und die Erinnerung an ihre Mutter Juliana.

Mai: Bis in die Monatsmitte sind in der Nieuwe Kerk die besten Pressefotos des Vorjahres bei der **World Press Photo Exhibition** zu sehen. Am **4. Mai** ist **Dodenherdenking,** die nationale Gedenkfeier für die Opfer des Zweiten Weltkriegs am Nationaal Monument auf dem Dam; am **5. Mai** erinnert man sich an den **Tag der Befreiung** durch die Kanadier 1945.

Anfang Juni bis Ende August: unter dem Titel **Amsterdam Arts Adventure** finden beinahe täglich Konzerte, Kindervorstellungen, Shows und Performances auf der Freilichtbühne im Vondelpark statt. Außerdem: Das **Holland-Festival** bringt einen Monat lang die neuesten Entwicklungen der Bühnenkunst unters Volk, mit Opern, Tanzvorführungen, Konzerten, Kabarett und vielem mehr. Und am zweiten Sonntag im Juli fällt um 11 Uhr am Leidseplein der Startschuss zum **Grachtenlauf** (5, 10 oder 20 km).

Juli: Es gibt u. a. alternatives und experimentelles Theater beim **Sommer-Festival** sowie flotte Töne beim **Internationalen Jazz-Festival** Ende des Monats.

August: Beim **Gay Pride Amsterdam** feiert die Schwulenszene ein großes Fest mit schriller Parade auf dem Grachtengürtel – ganz Amsterdam feiert mit. Am letzten Wochenende des Monats beginnt die Theater- und Konzertsaison mit einem opulenten Kulturprogramm, dem **Uitmarkt.**

September: Parade des Aalsmeerer Blumenkorsos am ersten Samstag im Monat; eine Woche später erlaubt der **Tag des offenen Denkmals** tiefe Einblicke in alte Gebäude, die man sonst nicht besichtigen kann. Die **Amsterdam Fashion Week** strahlt mit Modeschauen, Präsentationen und schillernden Events auch auf die Stadt aus. Zeitgleich finden das zehntätige TF-Theaterfestival und das Amsterdam Fringe Festival statt. Mitte des Monats feiert

In Konzertsälen, auf Plätzen, in Parks: Amsterdam klingt

man im Stadtteil Jordaan das traditionelle **Volksfest** mit viel Musik, Tanz und noch mehr Bier.

Oktober: Am Monatsanfang hetzen einige tausend Läufer beim **Amsterdam City Marathon** über die Grachten. Danach zeigen die besten Spring- und Dressurreiter der Welt beim **Turnier Jumping Amsterdam** ihr Können.

November: Am dritten Wochenende des Monats zieht **Sinterklaas** mit seinem Gefolge auf dem Dampfschiff »Spanje« in die Stadt ein.

Dezember: Keine Weihnachts-, sondern Nikolausgeschenke werden am Vorabend des 6. Dezember, dem **Pakjesavond (Päckchenabend)** überreicht. Zu Weihnachten gastiert regelmäßig **Holiday on Ice** an der Amstel; zu **Silvester** taucht ein Feuerwerk die Stadt in buntes Licht.

Unterwegs in Amsterdam

Entdecken Sie die einzelnen Stadtviertel – jeweils mit den schönsten Touren, allem Sehens- und Erlebenswerten sowie zahlreichen Tipps

Zentrum

Nicht verpassen!

- Beim Sonnenbad auf der schiefen Dachterrasse des NEMO Seeluft schnuppern
- Schaufensterbummeln der verruchten Art in den Walletjes rund um die Oude Kerk
- Auf dem Blumenmarkt am Singel einen Strauß Tulpen oder einen Sack Tulpenzwiebeln kaufen
- Sich durch alle Stockwerke des Magna Plaza treiben lassen

Karte Seite 68

Zur Orientierung

Amsterdam kompakt. Willkommen in der Stadt der Kontraste! Die prallen im historischen Zentrum, in dem die meisten Sehenswürdigkeiten zu finden sind, ungebremst aufeinander. Bei der aktuellen Großbaustelle rund um die Centraal Station, den Hauptbahnhof, beginnt das Spannungsfeld zwischen verschnörkelter Bausubstanz und moderner Architektur, zwischen Glanz und Elend einer Stadt von Welt: Am Oosterdok steht die ausdrucksvolle Fassade des Museums NEMO in reizvollem Kontrast zum Ostindiensegler »Amsterdam«. Im engen, manchmal schmuddeligen Viertel De Wallen rund um die Oude Kerk erobern derzeit junge Modedesigner und ihre schicke Klientel das Terrain. Die teuren Auslagen in den Boutiquen sowie die exklusiven Hotelfronten am Rokin und am Dam steigern noch die Eleganz des Koninklijk Paleis (Königlicher Palast).

Im südlichen Teil des Zentrums schließlich drängen sich bunte Schaufenster, beliebte Kneipen sowie die versteckte Idylle des Begijnhofs auf engstem Raum. Und im ehemaligen jüdischen Viertel südöstlich der imposanten Waag auf dem Nieuwmarkt sind die kulturellen Schätze im Rembrandthuis sowie im Jüdischen

Monumentalbau im Neorenaissance-Stil: die Centraal Station

Das Nationaal Monument auf dem Dam ist ein beliebter Treffpunkt

Museum (Joods Historisch Museum) und der Portugese Synagoge einen Besuch wert.

Einige Museen sowie die Boutiquen und Läden in der Innenstadt sind am Montagvormittag geschlossen. Diese ruhigen Stunden lassen sich bestens für einen ersten Streifzug nutzen.

Eine Chipkarte für alles

Mit der **I amsterdam-Karte** kann man alle Busse und Straßenbahnen benutzen, eine Grachtenrundfahrt gratis unternehmen, erhält ermäßigten Eintritt in vielen Museen und Attraktionen, kleine Extras in Restaurants und mehr. Die Karte kostet mit 24 Stunden Gültigkeit 39 €, für 48 Std. 49 € und für 72 Std. 59 €. Man erhält sie bei den Touristen-Informationsbüros am Bahnhof und am Leidseplein.

Unterwegs im Zentrum

Zwischen IJ und Dam

– 1 – Centraal Station › OBA › Scheepvaarthuis › NEMO › Museumshafen und Scheepvaartmuseum › ARCAM › Museum Amstelkring › Oude Kerk › Beurs van Berlage › Dam › Nieuwe Kerk › Koninklijk Paleis

Distanz/Dauer: 5 km, 3 Stunden (ohne Museumsbesuche)
Praktische Hinweise: Das Zentrum lässt sich bequem zu Fuß erkunden. Wegen der Großbaustelle auf dem Stationseiland ist bis 2015 mit Umleitungen und verwirrender Wegführung im Bahnhofsgebiet zu rechnen. Vorsicht ist geboten: Auch Taschendiebe lauern dort auf ihre Chance im Durcheinander (M **Centraal Station**).

*Centraal Station 1

Alle Busse, Bahnen und Straßenbahnlinien führen zum großen Hauptbahnhof auf dem Stationseiland, einem Prachtgebäude im Stil der Renaissance und wie sein Pendant, das ****Rijksmuseum** › S. 110, ein Werk des Architekten Petrus J. H. Cuypers (1827–1921). Seit 1889 ruht der Verkehrsknotenpunkt auf drei künstlichen Inseln direkt am IJ. An seiner Nordseite befinden sich Fährterminals. Etwa 8600 Fichtenstämme mussten bis zu einer Tiefe von 30 m in den Boden gerammt werden, um dem monumentalen Bauwerk die notwendige Standfestigkeit zu garantieren.

Die Oosterdokskade führt am Wasser entlang nach Osten zum spektakulären Bau der **Openbare Bibliotheek Amsterdam (OBA),** einem Werk des Stararchitekten Jo Coenen. Ein offener Baukörper aus Muschelkalk umgibt wie ein Rahmen den transparent gestalteten Nutzungsbereich. Im Foyer der Bibliothek können Besucher **30 Minuten lang kostenfrei das Internet nutzen,** und die sauberen öffentlichen Toiletten ebenfalls (Oosterdokskade 143, tgl. 10–22 Uhr). Echt gut

Am gegenüberliegenden Kai des Hafenbeckens zieht das ***Scheepvaarthuis** 2 alle Blicke auf sich, hinter dessen Klinkerfassade das Luxushotel Amrath › S. 29 residiert. Der frühere Sitz der Schifffahrtsgesellschaften wurde nach Plänen des Architekten Johan Melchior van der Mey (1878–1949) zwischen 1911 und 1916 im Stil der Amsterdamer Schule errichtet. Die Fassade ist aus über 200 in Farbe und Maß verschiedenen Typen von Backsteinen zusammengefügt. Seepferdchen, Delfine und andere maritime Motive schmücken den Bau, dessen Grundriss einem Schiffsbug nachempfunden ist.

Karte Seite 68

*NEMO 3

Über eine Fußgängerbrücke gelangt man zum NEMO, einem Museum für Wissenschaft und Technologie. Wie der Bug eines riesigen Ozeandampfers überragt es den Eingang zum IJ-Tunnel. Die Entwürfe zu dem maritim-futuristisch gestylten Bau stammen von Renzo Piano. Auf vier Etagen präsentiert die Ausstellung spannende Simulationsprogramme, mit denen Techniken der Zukunft erklärt werden (Oosterdok 2, Tel. 020/531 32 33, www.e-NEMO.nl, Di–So 10–17 Uhr, während der Schulferien tgl.). Vom schrägen Dach des NEMO, das auch ohne Museumsbesuch zugänglich ist, hat man einen schönen Blick über das Hafenbecken und die Dächer der Altstadt. Im Sommer kann man in Liegestühlen und an der Bar relaxen, dazu gibt es einen Sandkasten und Wasserspiele für die Kleinen.

Museumshafen und *Scheepvaartmuseum 4

Im Oosterdok-Hafenbecken sind zahlreiche historische Schiffe aus dem Bestand des Nederlands Scheepvaartmuseum vertäut. Unübersehbar liegt der **Ostindiensegler »Amsterdam«** im Wasser. Der hölzerne Dreimaster ist die Rekonstruktion eines Handelsschiffes der Vereenigde Oostindische Compagnie (VOC) aus dem 18. Jh. Das Original kam nie bis Batavia, dem heutigen Jakarta, es ging bei seiner Jungfernfahrt 1749 in einem Sturm vor der englischen Küste unter.

Nachbau eines havarierten Schiffes: der Ostindiensegler »Amsterdam«

Das neu gestaltete **Scheepvartmuseum** im repräsentativen Monumentalbau des ehemaligen Arsenals der Admiralität von Amsterdam zeigt nicht nur eine umfassende Sammlung von Exponaten zur Seefahrtsgeschichte, es nimmt seine Besucher auch mit auf virtuelle Reisen um die ganze Welt. Auf der Terrasse und im überdachten Innenhof kann man bestens in Reiseträumen schwelgen (Kattenburgerplein 1, Tel. 020/523 22 22, www.hetscheepvaart museum.nl, tgl. 9–17 Uhr).

ARCAM 5

Einen beeindruckenden Vorgeschmack auf die architektonischen Höhepunkte der Stadt er-

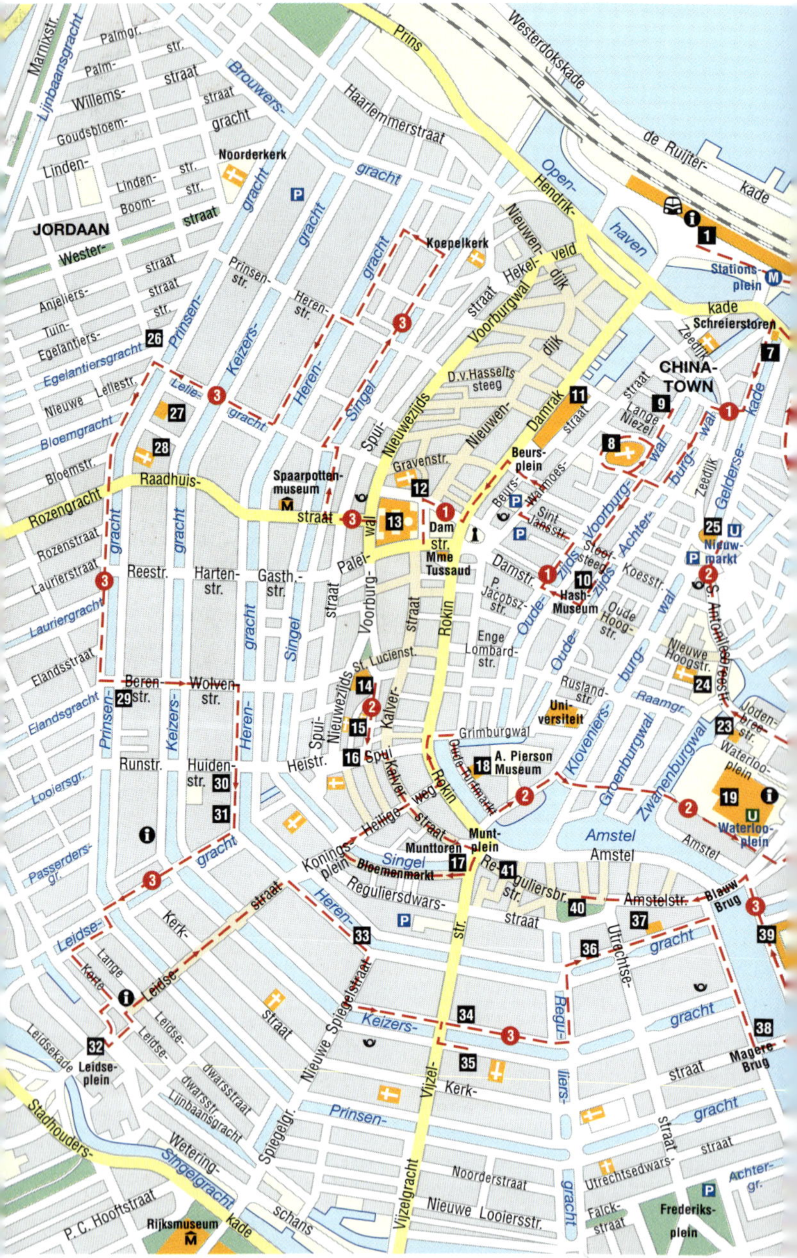
Marnixstr.
Lijnbaansgracht
Palmgr.
Palm-
str.
straat
Willems-
Goudsbloem-
Brouwers-
gracht
Haarlemmerstraat
Westerdokskade
Prins
Linden-
Boom-
Noorderkerk
JORDAAN
Wester-
Anjeliers-
Tuin-
Egelantiers-
Egelantiersgracht
Nieuwe Leliestr.
Bloemgracht
Bloemstr.
Rozengracht
Rozenstraat
Lauriersstraat
Lauriergracht
Elandsstraat
Elandsgracht
Looiersgr.
Passeders-gr.
Leidse-
Lange
Korte
Leidsekade
Leidse-plein
Stadhouders-
P. C. Hooftstraat
Rijksmuseum
Singelgracht
Wetering-
Lijnbaansgracht
dwarsstraat
Leidse-
Koepelkerk
Prinsen-str.
Heren-str.
Keizers-
Prinsen-
Singel
Heren-
Spui-
Nieuwezijds
Gravenstr.
Spaarpotten-museum
Raadhuis-
straat
Dam
Mme Tussaud
Reestr.
Harten-str.
Gasth.-str.
Palei-
Voorburg-wal
Kalver-
Rokin
St. Luciënst.
Beren-str.
Wolven-str.
Runstr.
Huiden-str.
Heistr.
Spui
Grimburgwal
A. Pierson Museum
Oude Turfmarkt
Heilige weg
Konings-plein
Bloemenmarkt
Munttoren
Munt-plein
Reguliersdwars-
Reguliersbr.
Amstelstr.
Blauw Brug
Amstel
Utrechtse-
Regu-liers-
gracht
Kerk-
Vijzel-str.
Vijzelgracht
Nieuwe Spiegelstraat
Spiegelgr.
schans
Noorderstraat
Nieuwe Looiersstr.
Utrechtsedwars-
Falck-straat
Frederiks-plein
Achter-gr.
Magere Brug
Open-haven
Hendrik-
de Ruijter-kade
Stations-plein
Schreierstoren
Zeedijk
CHINA-TOWN
Lange Niezel
Nieuwen-dijk
Hekel-veld
Voorburgwal
D.v.Hasselts steeg
Damrak
Beurs-plein
Warmoes-
Sint Jansstr.
Damstr.
P. Jacobsz.-str.
Hash-Museum
Oude-zijds
Achter-burgwal
Stoof-steeg
Koesstr.
Oude Hoog-str.
Enge Lombard-str.
Rusland-str.
Uni-versiteit
Kloveniers-
Groenburgwal
Zwanenburgwal
Raamgr.
Nieuwe Hoogstr.
St. Antoniesbreestr.
Jodenbree-str.
Waterloo-plein
Nieuw-markt
Gelderse-kade
straat
str.

Karte Seite 68

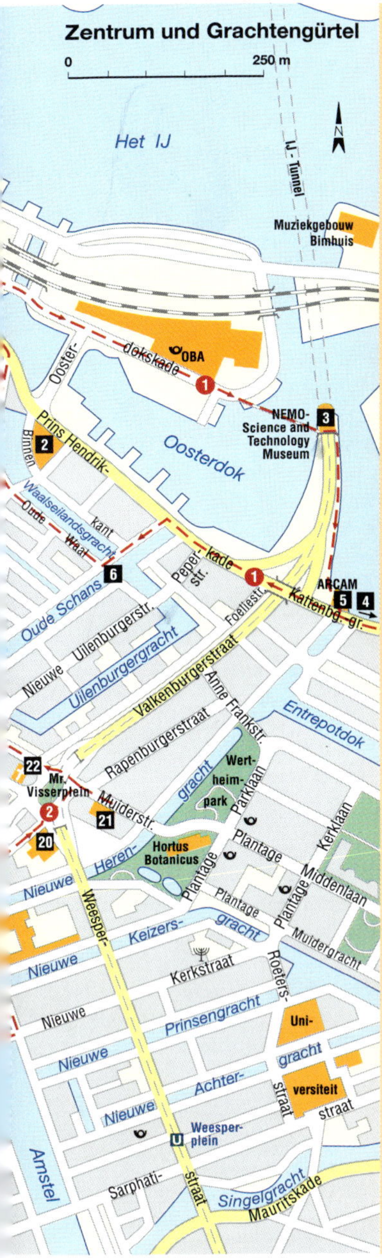

– 1 –

Zwischen IJ und Dam

1 Centraal Station
2 Scheepvarthuis
3 NEMO
4 Museumshafen und Scheepvartmuseum
5 ARCAM
6 Montelbaanstoren
7 Schreierstoren
8 Oude Kerk
9 Museum Amstelkring
10 Hashmuseum
11 Beurs van Berlage
12 Nieuwe Kerk
13 Koninklijk Paleis

– 2 –

Südliche Innenstadt

14 Amsterdam Museum
15 Begijnhof
16 Spui
17 Munttoren
18 Allard Pierson Museum
19 Stopera
20 Joods Historisch Museum
21 Portugese Synagoge
22 Mozes en Äronkerk
23 Rembrandthuis
24 Zuiderkerk
25 Waaggebouw

– 3 –

Giebeldefilee am Wasser

26 Amsterdam Tulip Museum
27 Anne-Frank-Huis
28 Westerkerk
29 Woonbootmuseum
30 Bijbels Museum
31 Het Grachtenhuis
32 Leidseplein
33 Gouden Bocht – Goldener Bogen
34 FOAM
35 Museum Van Loon
36 Tassenmuseum Hendrikje
37 Museum Willet-Holthuysen
38 Magere Brug
39 Hermitage Amsterdam
40 Rembrandtplein
41 Tuschinski Theater

Eine Vielzahl von Lokalen wartet im Chinesischen Viertel auf Gäste

hält man im Ausstellungszentrum **ARCAM**, einer futuristischen Welle aus Blech und Glas (Architektuur Centrum Amsterdam, Prins Hendrikkade 600, Tel. 020/ 620 48 78, www.arcam.nl, Di–Sa 13–17 Uhr).

Montelbaanstoren 6

Seit dem 15. Jh. lagen an der Oude Schans und der Geldersekade die Werften und Werkstätten der Stadtzimmerei, wo die meisten Schiffe der Amsterdamer Handelsflotte gebaut wurden. Einer der ehemaligen Stadttürme, der Montelbaanstoren aus dem Jahr 1512, ist dort noch erhalten. Seine dekorative Spitze im Stil der Renaissance hat man dem Turm erst im 17. Jh. nach Plänen des Stadtbaumeisters Jacob van Campen aufgesetzt. An der Oude Schans wird noch heute der Wasserstand in den Grachten geregelt.

Schreierstoren 7

Auch der 1487 errichtete Schreierstoren an der Ecke Prins Hendrikkade/Geldersekade ist ein Teil der ersten Stadtbefestigung. Ein Fassadenstein mit einer weinenden Frau, einem ausfahrenden Segelschiff und der Jahreszahl 1569 erinnert an die ergreifenden Abschiedsszenen, die sich am Schreierturm, so die gängige Übersetzung, direkt am alten Hafen abgespielt haben müssen. »Stimmt nicht«, meinen Experten zu dieser Interpretation: Als *schreye* habe man früher die scharfe Kurve in der Gracht bezeichnet.

De Wallen oder Walletjes

Das Terrain am Zeedijk, noch vor wenigen Jahren die berüchtigste Drogenecke von Amsterdam, haben chinesische Imbisslokale erobert, auch der buddhistische Fo Guang Shan He Hua-Tempel und ein Nonnenkloster wurde dort errichtet. Den Tempel darf nur betreten, wer die Schuhe auszieht. **Zum Chinesischen Neujahr kann man dort traditionelle Drachentänze erleben.** Echt gut!

An diese kleine Chinatown schließt sich der Rotlicht-Bezirk an, das berüchtigte Viertel De Wallen oder Walletjes, wo Prostituierte in Schaufenstern posieren und auf Kundschaft warten › Exkurs rechts.

1 *Oude Kerk 8

Mitten im Rotlichtviertel steht die Oude Kerk, Amsterdams älteste Kirche. Sie wurde 1306 erbaut. Der Bischof von Utrecht weihte sie Sint Nicolaas, dem Schutzpatron der Fischer und Seeleute. Im 16. Jh. erfolgten ihre Umgestaltung zur Kreuzbasilika und der Anbau von drei Kapellen: der »eisernen« Kapelle im Süden, der Taufkapelle im Westen und der Liebfrauenkapelle im Osten. Aus der Zeit vor der Reformation sind in der Kirche drei Buntglasgemälde erhalten, die Szenen aus dem Leben der Muttergottes zeigen. Rembrandts Frau Saskia van Uylenburgh liegt hier begraben.

Heute finden in der Kirche einerseits erstklassige Orgelkonzerte statt, andererseits auch Modeschauen und andere Events (Mo–Sa 11–17, So 13–17 Uhr, aktuelle Programminfos unter www.oudekerk.nl).

Peepshow zum Nulltarif

Bereits im 14. Jh. duldete der Magistrat der Stadt die Bordelle am Zeedijk und an der Oude Kerk, in denen die Matrosen ihre Heuer verprassten. So auch der Stadtrat im 21. Jh.: Im Viertel De Wallen warten die Huren – darunter auch Gigolos und langbeinige, perfekt geschminkte Transvestiten – in Reizwäsche hinter den hohen Fenstern der Grachtenhäuser auf Kundschaft. Kommt ein Freier, werden die Vorhänge zugezogen. Rund 8000 Frauen sind in Amsterdam offiziell als Prostituierte gemeldet, mit Steuernummer und Gesundheitspass. Eine Bronzestatue, die aufreizende »Belle«, wurde für sie errichtet, um den Respekt der Stadt vor den Sexarbeiterinnen auszudrücken. Nicht alle waren davon begeistert. Denn dass das Geschäft mit dem Sex in aller Öffentlichkeit abläuft, hat auch Nachteile: Lärmende Schlepper preisen die Erotikshows der einschlägigen Bars bis spät in die Nacht an, die männliche Laufkundschaft taxiert und belästigt auch Nicht-Prostituierte. Die kriminelle und die Drogenszene sind fester Bestandteil des Quartiers, da ein Teil der Prostituierten drogenabhängig, ein anderer Teil illegal im Land ist. Auch die Fachgeschäfte des Viertels, die die unglaublichsten Hilfsmittel für sexuell Verklemmte und Enthemmte anbieten, sind nicht jedermanns Geschmack. !! Tagsüber werden weibliche Blicke geduldet, doch nachts sollten Frauen hier nicht allein unterwegs sein. Dann läuft das Geschäft auf Hochtouren und neugierige Zaungäste sind unerwünscht.

Im Zuge der innerstädtischen Verschönerungsmaßnahmen sollen bis etwa 2018 Teile des Rotlichtbezirkes saniert sowie die Boulevards Damrak und Rokin neu strukturiert werden. Zudem will man verschärft gegen kriminelle Machenschaften im Rotlichtmilieu vorgehen, ohne jedoch die käuflichen Damen und Herren in die Illegalität zu drängen. Eine spektakuläre Aktion ist die städtische Förderung von Modeboutiquen unter dem Motto »Redlight Fashion«, die ein anderes Publikum vor die Schaufenster locken soll.

Vom 1568 fertig gestellten Westturm der Oude Kerk aus hat man **einen schönen Blick über die Dächer der Innenstadt** (Turmbesteigung April–Sept. Do–Sa 13–17 Uhr alle 30 Min.).

Echt gut!

**Museum Amstelkring 9

Um die Oude Kerk herum gelangt man zum Museum Amstelkring, einer vom calvinistischen Stadtrat geduldeten katholischen Geheimkirche mit dem schönen Namen Ons' lieve Heer op Solder – Unser Herrgott auf dem Dachboden. Der Kaufmann Jan Hartmann ließ sie 1661–1663 in das Dachgeschoss seines Anwesens einbauen. Dass die Katholiken vom Handel mit den Kolonien ebenso profitierten wie die Reformierten, belegt die üppige barocke Ausstattung. Zum Museum gehören auch mehrere zeitgenössisch eingerichtete Wohnräume, die mit dunkel getäfelten Wänden, schweren Vorhängen, Ölgemälden und massiven Möbeln aus edlen Tropenhölzern vom Lebenstil reicher Kaufmannsfamilien im Goldenen Jahrhundert zeugen.

Während die Kirche bis mindestens 2012 renoviert wird, bleiben die Wohnräume zugänglich. (Oudezijds Voorburgwal 40, Tel. 020/624 66 04, www.opsolder.nl, Mo–Sa 10–17, So 13–17 Uhr; auch deutschsprachige Führungen).

Hash Marihuana & Hemp Museum 10

Über den Oudezijds Voorburgwal, die idyllische Stoofbrug und den Stoofsteg gelangt man zum Hashmuseum: Hier erfährt man, dass Cannabisprodukte nicht nur Genussmittel sind, sondern auch in der Geschichte der Textilindustrie, der Seefahrt und der Heilkunde eine wichtige Rolle spielten (Oudezijds Achterburgwal 148, Tel. 020/624 89 62, www.hashmuseum.com, tgl. 10–23 Uhr).

**Beurs van Berlage 11

Durch die historische Enge der Sint Jans- und der Warmoestraat erreicht man das offene und lebhafte Terrain des Damrak mit seinen Souvenirshops, Imbissbuden, Hotels und Restaurants. Auf der Ostseite des kurzen Boulevards beherrscht die rotbraune Fassade der Kaufmannsbörse das Straßenbild. Der 450 m lange Backsteinbau, den Königin Wilhelmina 1903 eröffnete, wird nach seinem Architekten Hendrik P. Berlage (1856–1934) auch Beurs van Berlage genannt. Mit seiner schlichten Eleganz markiert er den Beginn einer neuen Ära im Städtebau: Im Stil der Amsterdamer Schule entstanden in den Folgejahren sowohl Kaufhäuser, die mit ihrer schlichten Raffinesse beeindrucken, als auch ein ganzes Stadtviertel mit Sozialwohnungen an der südlichen Peripherie.

Die Kaufmannsbörse wird heute als Museum und Veranstaltungsort für Ausstellungen oder Konzerte genutzt. Die Niederländischen Philharmoniker, das Opern- und das Kammerorchester treten dort auf. Eindrucksvoll ist der Blick durch die große gläserne Kuppel des Wangzaal in den Him-

Karte Seite 68

mel. Der Aktienhandel wird heute in der benachbarten Effectenbeurs abgewickelt, einem Bau von Joseph Cuypers (Damrak 277, Tel. 020/ 530 41 41; www.beursvanberlage.nl, Mo–Sa 10–18, So 11–18 Uhr).

Von den Stufen der Börse oder noch bequemer von einem Stuhl des gleichnamigen Terrassencafés direkt am Beursplein kann man kostenloses Straßentheater erleben: Unter den Bäumen probt die Jugend Skateboard-Kunststücke und Kleindarsteller legen sich für ein Trinkgeld ins Zeug.

Die imposante Fassade des Kaufhauses Bijenkorf am Dam

Dam

Der Platz ist das pulsierende Herz von Amsterdam, Beweis seiner Vitalität und globalen Anziehungskraft. Ein Rundblick über den Dam, auf dem früher der Wochenmarkt abgehalten wurde, erleichtert die Orientierung in der Stadt: Im Uhrzeigersinn gruppieren sich der Koninklijk Paleis › S. 75, die Nieuwe Kerk › S. 74, das Kaufhaus Bijenkorf › S. 36, das Nobelhotel Krasnapolsky › S. 30 mit seiner strategisch hervorragend gelegenen Terrasse und Madame Tussauds Wachsfigurenkabinett › S. 25 um das 22 m hohe weiße Nationaal Monument, das an die Befreiung der Stadt von der deutschen Besatzung im Zweiten Weltkrieg erinnert. Es wurde 1956 von Königin Juliana eingeweiht. Die Pläne für den Obelisken stammen von J. J. P. Oud (1906–1963), einem Architekten aus der Künstlergruppe De Stijl. An schönen Tagen ist das Denkmal ein bei Einheimischen und Gästen beliebter Treffpunkt.

Bauten der Moderne

Im Gefolge von Hendrik P. Berlage schufen Architekten wie Michel de Klerk, Pieter L. Kramer und J. M. van der Mey – der Erbauer des Scheepvaarthuis › S. 67 – für die wachsende Zahl von Arbeiterfamilien im Süden und Westen der Stadt geschlossene Wohnsiedlungen mit spielerischen Details: In abwechslungsreichen Mustern gemauerte Backsteinwände und fantasievoll gestaltete Giebelfronten, die durch Erker, Balkone und Portale zusätzlich gegliedert und mit Reliefs und Skulpturen aus Naturstein geschmückt sind, prägten den neuen Stil der »Amsterdamer Schule«. Durch seine starke optische Gliederung hat z.B. der massive Wohnkomplex Het Schip › S. 104 von Michel de Klerk (1884–1923) eine sehr leichte Anmutung.

Blick vom Nationaal Monument auf den Koninklijk Paleis

*Nieuwe Kerk 12

In der spätgotischen Kreuzbasilika gleich neben dem Paleis, der Nieuwe Kerk, heiratete 2002 Willem-Alexander, Kronprinz der Niederlande, die Argentinierin Máxima Zorreguieta. Bereits 1408 hatte man an dieser Stelle mit der Errichtung eines Sakralbaus begonnen. Nach drei Bränden entstand ab 1645 die Basilika in ihrer heutigen Form. Sehenswert sind neben den Grabmälern des Dichters Joost van den Vondel sowie der Admirale Jan van Galen und Michiel de Ruijter die Bleiglasfenster im nördlichen Querschiff. Auf dem Geländer der reich mit Holzschnitzereien geschmückten Kanzel des Bildhauers Albert Janszoon Vinckenbrinck sieht man einige Engelchen, die sich ganz weltlich amüsieren. Ausstellungen von Weltrang bringen re-

Sinterklaas kommt!

Der größte Trubel rund um den Koninklijk Paleis herrscht jedes Jahr am dritten Sonntag im November, wenn vom Damrak her Sinterklaas, Schutzpatron der Stadt und der Seefahrer, geritten kommt. In seinem Gefolge radeln 50 Zwarte Pieten (Schwarze Peter). Vor dem Paleis wird Sinterklaas vom Bürgermeister oder sogar von der Königin empfangen. Ein Giebelstein an der Fassade des Eckhauses stellt den Heiligen mit drei Kindern dar. Der Legende nach soll ein Metzger diese Kinder umgebracht und zu Wurst verarbeitet haben. Weil Sinterklaas die Kleinen wieder zum Leben erweckte, wird er noch immer als Beschützer der Kinder verehrt.

gelmäßig profanen Glanz in das Gotteshaus (tgl. 10–18 Uhr; in den Sommermonaten So 20 Uhr und Do 12.30 Uhr Orgelkonzerte, www.nieuwekerk.nl).

**Koninklijk Paleis 13

Die Westseite des Dam dominiert die prächtige Fassade des Palasts. Der Bau wurde 1648–1655 nach Entwürfen Jacob van Campens aus teurem Bentheimer Sandstein als repräsentatives Rathaus errichtet. Er symbolisierte die Macht der Amsterdamer Handelsfamilien im Goldenen Jahrhundert. Im Fries an der Fassade des klassizistischen Baus huldigen die sieben Weltmeere und allegorisches Getier der Amsterdamer Stadtjungfrau, innen gönnten sich die Stadtväter mit Marmor und Gemälden geschmückte Säle. Als Napoleons Bruder Louis Bonaparte den Palast 1808 zur Residenz erwählte, brachte er seinen Hausstand mit. So kann man bei den Führungen auch Empiremöbel sehen. Heute zählt der Palast zum Besitz des Königshauses und wird vor allem für offizielle Empfänge sowie für Großveranstaltungen genutzt (Nieuwezijds Voorburgwal 147, www.paleisamsterdam.nl).

Shopping

Hinter der neogotischen Fassade des früheren Hauptpostamtes am Nieuwezijds Voorburgwal residiert das **Magna Plaza**, eine der besten Adressen für gepflegtes Shopping › S. 37. Allein die Fahrt hinauf zur vierten Galerie ist einen Besuch des schicken Kaufhauses voller erlesener und skurriler Waren wert.

Südliche Innenstadt

– 2 – Amsterdam Museum › Begijnhof › Spui › Singel › Allard Pierson Museum › Waterlooplein › Joods Historisch Museum › Portugese Synagoge › Rembrandthuis › Zuiderkerk › Nieuwmarkt

Distanz/Dauer: ca. 6 km, 4 Std. (ohne Museumsbesuche)
Praktische Hinweise: Den Waterlooplein erreicht man mit der Metro Ⓜ **Waterlooplein.** Der Begijnhof ist tgl. von 9–17 Uhr geöffnet; am wenigstens Betrieb herrscht dort am Morgen.

2 *Amsterdam Museum 14

750 Jahre Stadtgeschichte werden hinter den schiefen Mauern des ehemaligen Waisenhauses spannend erzählt. Modernste Multimediaeinrichtungen lassen die Vergangenheit lebendig werden und dokumentieren die Entwicklung Amsterdams von der mittelalterlichen Kleinstadt zur modernen Metropole. Auch die Beziehung zum Königshaus und Aspekte der Stadterweiterung werden thematisiert. Für den Besuch des historischen Museums sollte man sich mindestens zwei Stunden Zeit nehmen, denn die vielen Exponate füllen 20 Räume (Sint Luciënsteeg 27, Tel. 020/ 523 18 22, www.ahm.nl, Mo–Fr 10–17, Sa, So 11–17 Uhr).

Witzig ist ein Detail auf einem der Ölgemälde in Saal 12: Es zeigt die wohlgenährten Handelsherren in der Skulpturengalerie der Künstlervereinigung Felix Meritis zwischen klassischen griechischen Statuen. Die Blöße der nackten Männerfiguren hat der Maler mit Efeublättern verhüllt.

Echt gut!

Vom ehemaligen Mädchenhof des Waisenhauses biegt linker Hand die **hohe verglaste Schuttersgalerij** (Schützengalerie) ab. Auf 16 Monumentalgemälden sind die Mitglieder der unterschiedlichsten Schützengilden dargestellt. Die Bilder, sämtlich im 16. und 17. Jh. gemalt, verraten viel über das Selbstverständnis der Mitglieder jener tonangebenden Zünfte. Einen weiteren Beweis für das Selbstvertrauen der Amsterdamer im Goldenen 17. Jh. stellt die Allegorie eines unbekannten Malers dar: Die Stadtjungfrau hat ihre Hand besitzergreifend auf den Globus gelegt, und Merkur, römischer Gott des Handels, setzt ihr die Krone auf.

In die Eingangsfassade des Museums sind **historische Giebelsteine** eingelassen, die vor der Einführung von Hausnummern ein Gebäude identifizierten.

Stadterkundung

Da sich im 8 km² großen Stadtkern, der den Grachtengürtel, den Jordaan und das Museumsviertel umfasst, die Sehenswürdigkeiten drängen, ist Amsterdam so problemlos wie beschaulich zu Fuß zu erkunden. Einzige Voraussetzung dafür: gute bequeme Schuhe, die dem Kopfsteinpflaster standhalten. Ein attraktives Angebot für Besucher sind die Stadtspaziergänge, die das Amsterdam Tourist Office in Broschüren zusammenstellt. Die auch in Deutsch und Englisch erhältlichen Tourenvorschläge richten sich nach den aktuellen Jahresthemen des Stadtmarketings.

**Begijnhof 15

Über einen kleinen Durchgang und ein paar Treppenstufen können müde Touristen zur Erholung in die Idylle des Beginenhofs eintauchen. Seit dem 14. Jh. wohnten in den schmalen dreistöckigen Häusern um die Engelse Kerk die Beginen, ledige Frauen oder Witwen, die nach strengen Regeln als Laienschwestern lebten, ohne ein Gelübde abgelegt zu haben. Das schlichte Houtenhuis im Begijnhof Nr. 34 ist das älteste erhaltene Holzhaus der Niederlande. Heute sind die Wohnungen zumeist an ältere Frauen vermietet. Den Reiz des Begijnhof macht seine wohltuende Ruhe mitten im Trubel der Innenstadt aus. Für die Bewohnerinnen ist der Touristenandrang jedoch eine enorme Belastung.

Gegenüber der Engelse Kerk ist hinter der Fassade eines Wohnhauses eine römisch-katholische Geheimkirche versteckt.

Shopping

In der **Spuistraat** reihen sich gut besuchte Restaurants und originelle Läden aneinander. Das weiße Haus **Nr. 274** ist ein schönes Beispiel für den

Amsterdamer Jugendstil; im Verkaufsraum der **Bakkerij** von 1898 verdienen die alten Kacheln sicher ebenso viel Aufmerksamkeit wie die *broodjes*.

Nightlife

Die Musikbar **Bitterzoet** ist ein Podium für aufstrebende DJs, Bands und Musiker mit innovativen Konzepten. In täglich wechselnden Auftritten präsentieren sie sich einem kundigen Publikum. Oben im Theatersaal werden experimentelle Produktionen vorgestellt (**Spuistraat 2, www.bitterzoet.com,** So–Do 20–3, Fr/Sa bis 4 Uhr).

*Spui 16

Laut und lebhaft wird es draußen auf dem Spui. Hinter einem Blumenpavillon führt die Kalverstraat in einer Linkskurve zum Muntplein. Hier endet Amsterdams kommerzielle Hauptschlagader am Fuß des **Munttoren 17**, des ehemaligen Münzturmes. Im 15. Jh. war er der westliche Verteidigungsturm der mittelalterlichen Stadt und hieß Reguliersspoort. 1672 erhielt der Turm einen neuen Namen, als die Stadt dort Münzen prägen ließ, um den Krieg gegen England, Frankreich, Münster und Köln zu finanzieren. Das Glockenspiel des Munttoren ertönt tgl. alle 15 Minuten, freitags von 11–12 Uhr erklingt ein kleines Carillon-Konzert.

*Singel

Zwischen Muntplein und Koningsplein schaukeln schwimmende Blumenläden in der langen Gracht Singel › vgl. auch S. 85. Zu jeder Jahreszeit, bei jedem Wetter warten die Händler des fotogenen **Bloemenmarkt** auf Kunden für Blumen, Sämereien und Zwiebeln der beliebtesten Tulpensorten.

Idylle im Begijnhof

Allard Pierson Museum 18

Über den Boulevard Rokin und die Nieuwe Doelenstraat erreicht man das archäologische Museum der Universität Amsterdam: Grabungsfunde aus Ägypten, Mesopotamien, dem antiken Griechenland, Sizilien und Zypern machen das Allard Pierson Museum zu einer wahren Schatzkiste antiker Mythologien (Oude Turfmarkt 127, Tel. 020/525 25 56, www.allardpiersonmuseum.nl, Di–Fr 10–17, Sa, So 13–17 Uhr).

Reizvolle architektonische Kontraste am Boulevard Rokin

Waterlooplein und Stopera 19

Stopera, zusammengesetzt aus Stadhuis und Opera, nennen die Amsterdamer ihr modernes Mehrzweck-Rathaus. Das halbrunde Muziektheater mit 1600 Plätzen hat hier seinen Sitz. Weil vielen der Entwurf des Architekten Cees Dam zu progressiv war, hat ihn der Österreicher Wilhelm Holzbauer modifiziert. Nach Abschluss der Bauarbeiten 1988 beliefen sich die Kosten für das Projekt auf über 300 Mio. Gulden (Amstel 3, Ticketverkauf Tel. 020/625 54 55, www.het-muziektheater.nl).

Im Boden der Stadhuispassage ist ein Bronzeknopf eingelassen. Es handelt sich um den Normaal Amsterdams Peil, kurz NAP genannt. Von diesem Nullpunkt aus werden in fast allen Ländern Europas die Höhenangaben berechnet. Neben dem Eichpunkt ragen drei Glassäulen aus dem Boden. Das Wasser in ihnen zeigt den aktuellen Pegel des Meeres bei Vlissingen und IJmuiden an. Schnell wird anhand dieser Säulen klar, dass Amsterdam bei normalem Wasserstand versinken würde.

Altes Judenviertel

Von Amsterdams altem Judenviertel, das sich im Areal zwischen Houtkopersburgwal und der Binnen-Amstel erstreckte, ist nicht viel erhalten geblieben; der Bau der U-Bahn und der Ausbau der Valkenburgerstraat haben große Teile der alten Struktur zerstört. Zwar gibt es heute wieder eine aktive jüdische Gemeinde, die die größte des Landes ist, von dem jüdischen Viertel jedoch existieren nur noch ein paar Sehenswürdigkeitem – die jedoch sind äußerst aussagekräftig.

**Joods Historisch Museum 20

Das sehr informativ und ansprechend gestaltete Jüdische Museum mit seinen regelmäßigen Sonderausstellungen wurde seit seiner Eröffnung 1987 vielfach ausgezeichnet. Es erklärt die Rituale, Symbole und religiösen Tabus in einem jüdischen Haushalt auf eine auch für Kinder sehr gut verständliche Weise. Die Amsterdamer Sammlung zu Geschichte und Inhalten des niederländischen Judentums ist in vier ehemaligen, durch Glasgalerien miteinander verbundenen Synagogen aus dem 17. und 18. Jh. untergebracht. Sie stellt die bedeutendste ihrer Art außerhalb Israels dar (Nieuwe Amstelstraat 1, Tel. 020/ 531 03 10, www.jhm.nl, tgl. 11 bis 17 Uhr, an Jom Kippur geschl.).

Mit dem Denkmal **De Dokwerker** von Mari Andriessen am Jonas Daniël Meijerplein wird jener Hafenarbeiter gedacht, die am 25. Februar 1941 gegen die Deportation jüdischer Mitbürger streikten. Die deutschen Besatzer schlugen die Proteste mit Waffengewalt nieder.

Das Joods Historisch Museum

Portugese Synagoge 21

Die Synagoge im Rücken des Dokwerker-Denkmals vollendete Elias Bouman 1675. Bauherrin

Juden in Amsterdam

Mokum, der jüdische Name für Amsterdam, bedeutet Platz oder Zentrum. Auf der Flucht vor der Inquisition waren um 1600 die ersten portugiesischen Sepharden in die liberale Handelsstadt an der Amstel gekommen. Bald folgten ihnen Juden aus Osteuropa und dem Deutschen Reich. Hier mussten sie keine Abzeichen ihres Glaubens tragen. Ihre Häuser durften innerhalb der schützenden Stadtmauern stehen. Doch die Amsterdamer Liberalität hatte Grenzen: Juden durften nicht den Gilden beitreten, einige Berufe waren ihnen verschlossen. Anfänglich mussten sie ihre Waren an Straßenständen feilbieten. Der Flohmarkt auf dem Waterlooplein war ursprünglich der Markt des jüdischen Viertels. Im Jahr 1740 gründete die jüdische Gemeinde in der Rapenburgerstraat 109 das Beth Hamidrash Ets Chaim, ein dem Studium jüdischer Gesetzestexte und ihrer Kommentare geweihtes Haus.

Nach der Französischen Revolution galt 1789 auch in Amsterdam »Gleiches Recht für alle«, doch die wirtschaftliche Situation der jüdischen Handwerker, Händler und Tagelöhner verbesserte sich erst gegen Ende des 19. Jhs.: In den Diamantenschleifereien waren geschickte Arbeiter gefragt. Die jüdischen Handwerker gingen in die Fabriken. Wer konnte, verließ das jüdische Viertel um die Jodenbreestraat und zog in eines der Häuser an der Nieuwe Herengracht. 1916 begann die Stadtverwaltung, die verwahrlosten Häuser auf der Insel Uilenburg abzureißen.

Mit der Besatzung durch die deutsche Wehrmacht brach das Unheil über die jüdische Gemeinde herein: 80 000 Menschen wurden in KZs deportiert.

war die Vereinigung Amsterdamer Juden mit portugiesischen und spanischen Wurzeln. Die Synagoge, Esnoga genannt, gilt mit ihrem imposanten hölzernen Tonnengewölbe als größte Synagoge der Welt. Sie diente vielen weiteren Synagogenbauten als Vorbild. In den vergangenen Jahren mit viel Aufwand renoviert, gewährt der Komplex interessante Einblicke in die jüdische Glaubenswelt (Mr. Visserplein 3, Tel. 020/624 53 51, www.esnoga.com, April–Okt. So bis Fr 10–16, Nov.–März So–Do 10–16, Fr nur bis 14 Uhr).

Echt gut! Einen kostbaren Schatz stellt die **zum UNESCO-Weltkulturerbe zählende *Ets-Haim-Bibliothek** dar. Als älteste jüdische Bücherei der Welt dokumentiert sie aus unterschiedlichen Perspektiven die Geschichte der jüdische Kultur und deren Integration in die Gesellschaft der Niederlande (nach Voranmeldung unter Tel. 020/428 25 96 oder 598 66 47, www.etshaim.org).

Mozes en Aäronkerk 22

Den östlichen Abschluss des Waterlooplein bildet diese zwischen 1783 und 1841 errichtete neoklassizistische Kirche, die ursprünglich das Wohnhaus eines reichen jüdischen Amsterdamers war und ab 1641 als katholische »Schlupfkirche« genutzt wurde. Seit 1991 fungiert sie als Begegnungsstätte und Veranstaltungsraum. Angeblich steht der Sakralbau dort, wo der jüdische Philosoph, Religions- und Bibelkritiker Baruch Spinoza (1632–1677) geboren wurde.

3 **Rembrandthuis 23

Über die Jodenbreestraat erreicht man das historische, mehrfach renovierte Rembrandthuis mit seinem modernen Museumsflügel. Rund 250 Radierungen und Zeichnungen des Malers sowie Werke seines Lehrmeisters und seiner Schüler sind dort ausgestellt (Jodenbreestraat 4–6, Tel. 020/520 04 00, www.rembrandthuis.nl, tgl. 10–17 Uhr).

1639 zog Rembrandt mit seiner wohlhabenden Frau Saskia in das schmucke Haus im damaligen Judenviertel, für das er stolze 13 000 Gulden gezahlt hatte. Saskia starb 1642 mit 29 Jahren. Rembrandts Liebe zu Hendrikje Stoffels wurde 1654 mit der Geburt der gemeinsamen Tochter Cornelia offenbar. Weil im Fall einer zweiten Heirat Saskias Vermögen dem Sohn Titus zugefallen wäre, Rembrandt das Geld aber für seinen eigenen Unterhalt, seine Kunstsammlung und Spekulationen mit Tulpenzwiebeln brauchte, lebte er mit Hendrikje »in Sünde«. Er fiel bei der Reformierten Kirche in Ungnade und verlor 1656 Vermögen, Haus und Kunstschätze sowie 70 Gemälde. Er zog in ein kleines Haus in der Rozengracht, wo er bis zu seinem Tod 1669 lebte.

Mehr als 1000 Werke schrieb man im 19. Jh. noch dem Meister zu. Ein Projekt des Kunsthistorischen Instituts Amsterdam jedoch hat mittels technischer Analysen das Werkverzeichnis auf zirka 300 authentische, überwiegend von Rembrandt selbst geschaffene Gemälde reduziert.

Special

Kneipen mit Patina

Nach Feierabend schätzt der Amsterdamer die *gezelligheid* – was liegt da näher als eine Runde in einem Bruine Café um die Ecke? Braune Cafés sind eine Institution in der Grachtenstadt: laut und voll, gemütlich und offen für jeden. Sie sind Stammkneipe und Infobörse, Wärmestube und Flirtzentrale, zweite Heimat und längst auch Sehenswürdigkeit.

Bierseliges Gedränge

Oft stehen Broker, Touristen und die halbe Nachbarschaft Seite an Seite mit einem Bier in der Hand auf der Straße, denn drinnen im **Café Hoppe** ist kein Zentimeter Platz mehr frei.

Sand auf dem Boden, harte Drinks an der Theke: Im **Karpershoek** setzt man auf Tradition. Die Seemannskneipe besteht seit 1629.

Das **Papeneiland** im Jordaan ist berühmt für seinen hausgemachten Apfelkuchen und sein seit 300 Jahren unverändertes Interieur.

Im nur 18 m^2 großen **Café t' Doktertje** ließen sich einst sogar die frommen Beginen mit einem *biertje* therapieren ...

- **Café Hoppe**
  Spui 18, So–Do 8–1, Fr, Sa 8–2 Uhr
- **Karpershoek**
  Martelaarsgracht 2, Mo–Do 7–1, Fr, Sa 7–3, So 9–1 Uhr
- **Papeneiland**
  Prinsengracht 2
  Mo–Sa 11–1, So 12–1 Uhr
- **'t Doktertje**
  Rozenboomsteeg 4, Di–Sa 16–1 Uhr

Theken-Niederländisch

- **Kopstootje:** junger Jenever plus Bier
- **Borrel:** Schnäpschen
- **Hassebassie:** junger oder alter Jenever

Karte
Seite 68

Moderner Wohnungsbau
im Zuiderkerkhof

Zuiderkerk 24

Die Sint Antoniesbreestraat führt auf den 80 m hohen Turm der profanierten Zuiderkerk zu. Durch ein Renaissancetor, dessen Giebel ein Totenkopf ziert, betritt man den ehemaligen Südfriedhof, auf dem jetzt rund 2000 Wohnungen stehen. Am Kirchenportal erinnert eine Tafel an die mehr als 20 000 Amsterdamer, die während der Kriegsjahre umkamen. Im Hungerwinter 1944/45 diente die Zuiderkerk als Leichenhalle für die Opfer. Heute beherbergt sie Ausstellungen zur Stadtentwicklung und die städtische Wall of Fame, auf der prominente Mitbürger wie der Fußballer Johan Cruiff oder Bürgermeister Job Cohen geehrt werden. Vom Turm bieten sich schöne Ausblicke (Zuiderkerkhof 72; Mo–Fr 9–17, Sa 12–16 Uhr; Glockenspiel So 16–17 Uhr).

Nieuwmarkt mit *Waaggebouw 25

Stadteinwärts erreicht man nach wenigen Minuten den Nieuwmarkt. Sein Blickfang ist das ***Waaggebouw** mit seinen sieben Türmen, ursprünglich ein Teil der Stadtbefestigung. Als Amsterdam sich ausdehnte, funktionierte man das Tor 1617 zur Waage um; im Obergeschoss befand sich das Zunfthaus. Jede Gilde besaß einen eigenen Eingang zu den Versammlungsräumen. Die Zunftkammer der Maurer ist der hl. Barbara gewidmet und im Originalzustand erhalten. Im 17. Jh. trafen sich hier die Chirurgen zu anatomischen Vorlesungen, bei denen auch Rembrandt häufig anwesend war. Seine Eindrücke gibt das Bild »Die Anatomievorlesung von Dr. Nicolaes Tulp« von 1632 wieder (Mauritshuis, Den Haag). Heute beherbergt das geschichtsträchtige Gebäude im Erdgeschoss ein Restaurant und im Obergeschoss ein Medienzentrum mit Internetzugang.

Restaurant

Historisches Flair verbreitet das Restaurant/Café **In de Waag,** wo unter riesigen Kerzenleuchtern Snacks und Menüs aus überwiegend biologischen Zutaten serviert werden (**Nieuwmarkt 4, Tel. 020/ 7422 77 22,** tgl. 10–1 Uhr). ●●

Die Magere Brug überspannt
die Amstel seit 1671

Grachtengürtel

Nicht verpassen!

- Mit dem Canalbike eine feucht-fröhliche Runde durch die Grachten drehen
- Das Versteck von Anne Frank und ihrer Familie besuchen
- Vom Turm der Westerkerk aus den Rundblick über die Stadt genießen
- Im Tulpenmuseum Zwiebeln erstehen
- Den Garten des Museum Van Loon bewundern

Zur Orientierung

Die drei bogenförmigen Wasseravenuen der Heren-, Keizers- und Prinsengracht sind ein weltweit einzigartiges bauliches Gesamtkunstwerk: Amsterdam verdankt es vermutlich dem Stadtarchitekten Daniël Stalpaert (1615–1676), der entschied, den ab 1612 geplanten Grachtenring zu erweitern. Wohnliche Eleganz, gediegener Geschäftssinn und ein Hauch unbekümmerter Lebensfreude prägen die bunten Fassadenreihen, die Giebelpanoramen und die – je schmäler, desto reicher verzierten – Portale der Grachtenhäuser. Im 17. Jh. wurden viele der Gebäude als Wohn- und Lagerhäuser gleichermaßen genutzt, ihr Takelbalken im Giebel kommt heute noch bei jedem Umzug zum Einsatz. Inzwischen ist der Grachtengürtel ein begehrtes Wohn- und Geschäftsviertel. Beim Spaziergang von der Brouwersgracht im Nordwesten bis zur Magere Brug an der Amstel drängen sich originelle Geschäfte, wichtige Museen, Banken und Bürogebäude.

Von seiner schönsten Seite präsentiert sich der Grachtengürtel bei einer Bootsrundfahrt › S. 23 – vom Wasser aus. Allnächtlich wird das Wasser aller Stadtkanäle mit Nachschub aus dem Ijsselmeer aufgefrischt.

Beim Bummel durch das interessante Spiegelkwartier heißt es die Augen offen halten: Die Auslagen der Galerien und der noblen Antiquitätengeschäfte ziehen die Blicke genauso auf sich wie die stolzen Grachtenhäuser mit ihren Giebelsteinen.

Stattliche Patrizierhäuser am Goldenen Bogen der Herengracht

Unterwegs im Grachtengürtel

Giebeldefilee am Wasser

– 3 – Nördlicher Grachtengürtel › Tulpenmuseum › Anne-Frank-Huis › Westerkerk › Negen Straatjes › Leidseplein › Spiegelkwartier › FOAM › Museum Van Loon › Tassenmuseum › Museum Willet-Holthuysen › Amstelbrücken › Hermitage Amsterdam › Rembrandtplein › Tuschinski Theater

Dauer/Distanz: 6 Std. (ohne Museumsbesuche), ca. 8 km
Praktische Hinweise: Bootsrundfahrten durch den Grachtengürtel starten im Stundentakt an der Prins Hendrikkade vor der Centraal Station. Canalbikes und Ruderboote kann man an der Weteringschans stundenweise mieten. Das Anne-Frank-Huis sollte man abends besuchen, wenn die Warteschlangen kürzer sind.

Nördlicher *Singel

Direkt hinter dem Koninklijk Paleis › S. 75 führt die Raadhuisstraat nach Westen zum Singel. Im 17. Jh. wohnt dort im Haus Nr. 140–142 ein Mann, der es sich nie hätte träumen lassen, dass ihm 300 Jahre später Abermillionen Menschen auf den Schnurrbart starren würden: Hauptmann Frans Banning Cocq ist der Kommandant mit der roten Schärpe und dem flotten Hut auf Rembrandts weltberühmter monumentaler »Nachtwache« (derzeit zu bewundern im Philipsflügel des **Rijksmuseum › S. 110).

Am Nordende des Singel ist die Kuppel der **Koepelkerk** ein markanter Blickfang. Die 1668–1671 im Auftrag der lutherischen Gemeinde erbaute Kirche wird heute als Kongresszentrum genutzt und gehört zum Renaissance Amsterdam Hotel der Marriott-Kette.

Amsterdam Tulip Museum 26

Über Heren- und Leliegracht erreicht man das winzige Tulpenmuseum. Es dokumentiert die Geschichte der berühmtesten Blume der Niederlande von ihren Ursprüngen als Wildpflanze bis zur heutigen massenhaften Kultivierung. Im Museumsshop kann man neben Mitbringseln mit Tulpenmotiven **auch Zwiebeln von Tulpenraritäten erwerben** (Echt gut!) (Prinsengracht 112, Tel. 020/421 00 95, www.amsterdamtulipmuseum.com, tgl. 10–18 Uhr).

Restaurant

The Pancake Bakery ist eine Institution für Schleckermäuler und hungrige Stadtwanderer, die einen dicken Pfannkuchen mit süßer oder herzhafter Füllung vertragen können (**Prinsengracht 191**, tgl. 12–21.30 Uhr). ●

**Anne-Frank-Huis 27

Schräg gegenüber, auf der anderen Seite der Gracht, reihen sich Tag für Tag Besucher aller Länder geduldig in die Warteschlange vor der Prinsengracht Nr. 263 ein, um durch eine als Schrank getarnte Tür zu treten. Dahinter lag das Versteck des jüdischen Mädchens Anne Frank und seiner Familie aus Frankfurt am Main. Die 14-Jährige schrieb in diesem Hinterhaus ab Juli 1942 ihr bewegendes Tagebuch, bis die Familie im August 1944 an die Nazis verraten wurde. Nur der Vater Otto Frank überlebte das Konzentrationslager Bergen-Belsen. Anne starb dort im März 1945.

Im Vorder- und Hinterhaus erhalten Besucher in mehreren Ausstellungen einen facettenreichen Einblick in das Leben der Kaufmannsfamilie Frank (Tel. 020/556 71 00, Online-Ticketkauf und Infos unter www.annefrank.org, Mitte Sept.–Mitte März tgl. 9–19, Mitte März–Mitte Sept. tgl 9–21, Sa bis 22, Juli/Aug. tgl. 9–22 Uhr, letzter Einlass 30 Min. früher).

*Westerkerk 28

Bei schönem Wetter belohnt die herrliche Aussicht vom 85 m hohen Turm der nahen Westerkerk, dem **Westertoren**, für den mühevollen Aufstieg.

Den »mooie oude Wester« schmückt die rot-weiß-blau-goldene Krone Maximilians I. von Österreich, der die aufblühende Stadt 1489 unter seinen persönlichen Schutz stellte. Die Kirche wurde 1620–1631 nach Entwürfen des Architekten Hendrik de Keyser im Stil der Renaissance erbaut. Der Turm ist ein Werk des berühmten Architekten Jacob van Campen.

Seit seiner Renovierung Anfang der 1990er-Jahre erstrahlt der Bau wieder in der Pracht, in der ihn Rembrandt seinerzeit gesehen hat. Der verarmte Maler wurde 1669 in der Kirche bestattet, sein Grab konnte jedoch bislang nicht lokalisiert werden.

Dienstags erklingt ab 12 Uhr ein Konzert auf dem Glockenspiel; von April bis Oktober finden regelmäßig Orgelkonzerte statt (Prinsengracht/Westermarkt, www.westerkerk.nl, April–Okt.Mo bis Fr 11–15 Uhr, Juli/Aug. auch Sa,

Belebte Wasserstraßen

Über das rund 100 km lange Netz der Grachten zieht sich das maritime Flair des Seehafens durch die gesamte Altstadt. Etwa 70 Inseln sind beim Bau des dreireihigen Grachtengürtels im 17. Jh. entstanden. Rund 400 Brücken verbinden allein im historischen Zentrum die Häuserzeilen. Noch heute läuft ein Teil des innerstädtischen Warentransports mit Schuten über die schmucken Kanäle. Vor 300 Jahren mussten Händler ihre Güter vor den Toren Amsterdams auf die flachen Kähne umladen, um sie in den Kontoren ausliefern zu können. Nur das Vieh durften sie durch die Kalverstraat auf den Markt treiben. Rollender Verkehr war in der Innenstadt verboten.

Fantasie am Bau

Der Blick nach oben ist reizvoll in Amsterdam: Prächtige Giebelformen und witzige Details schmücken die Fassaden. Baute man im 14. Jh. noch schlichte Spitzgiebel auf die Holzhäuser, so entwickelte sich mit dem wirtschaftlichen Aufschwung der praktische Schnabelgiebel, ein Spitzgiebel mit schornsteinartigem Aufbau für die Lagerhäuser. Elegante Varianten schmücken die Dachfronten der Grachtenresidenzen. Klassiker des frühen 17. Jhs. war der reich verzierte Treppengiebel. Schöne Beispiele dafür sind das Bartolottihuis in der Herengracht 170 oder das Haus in der Keizersgracht 123, in dem die Monumentenzorg, der Denkmalschutz, Quartier bezogen hat. Im Goldenen Jahrhundert kam der schlanke Halsgiebel in Mode, zu bewundern unter anderem am Haus Brouwersgracht Nr. 48. Dort stützen Delfine mit ihren Schwanzflossen den Giebel. Unter der Ägide italienischer Baumeister wurde diese Form zum eleganten Glockengiebel abgewandelt, zu sehen am Singel Nr. 74. Üppig verzierte Simse, allegorische Figuren, Obstkörbe und Girlanden weisen auf den Einfluss des französischen Klassizismus im 18. Jh. hin. Am Singel bilden die symmetrisch angelegten Häuser Nr. 66 und 68 ein für den Louis-Quinze-Stil typisches Ensemble. Die klaren Formen des Leistengiebels waren am Ende des 19. Jhs. bei den reichen Bauherren beliebt. Sie markieren das Ende der Entwicklung im Giebeldesign.

Wegen ihres harmonischen Gesamteindrucks und der ausgeprägten individuellen Note gelten die Grachtenhäuser als Glanzpunkte der Backsteinarchitektur. Vor allem bei den Ensembles in der vornehmen Gouden Bocht an der Herengracht achtete der Magistrat streng darauf, dass sich die Architekten an die vorgeschriebene Höhe hielten. Da die Steuer abhängig von der Breite des Hauses und der Zahl der Fenster war, sind viele Häuser schmal und tief: Das Standardmaß für ein Grachtenhaus war 6 m Breite. Nur die reichsten Handelsherren leisteten sich 12 m Fassade. Die Qualität der Ziegel wurde gewissenhaft überprüft, denn im vornehmen Grachtengürtel sollte nur bauen, wer solides Material bezahlen konnte.

Lagerhäuser und Hausboote an der Prinsengracht

Echt gut!

Kaffeepause mit Panoramablick

- Auf dem Dach des Kaufhauses Metz & Co. in der Leidsestraat › S. 36 hat der Architekt und Designer Gerrit Rietveld ein **Kuppelcafé** gebaut, das allein seiner Aussicht über das Zentrum wegen einen Besuch wert ist.
- Der **Kalvertoren** erhebt sich am südlichen Ende der Kalverstraat über das Dächergewirr der Altstadt. Hier versüßen feine Schokoladen-Kreationen und eine große Auswahl an Tees den weiten Blick.
- Auf der gigantischen **Dachterrasse** des **Museums NEMO** kann man in der Sonne faulenzen, Cocktails genießen und die Seeluft vom IJhaven schnuppern › S. 66.
- Grandios ist der Blick von der per Lift erreichbaren **Dachterrasse** des **Passenger Terminal Amsterdam** über den IJ und die Inseln des Archipel. Der Preis für ein kühles Bier entspricht allerdings dem exklusiven Ambiente › S. 125.

Turmbesteigung April–Okt. Mo–Sa 10–18, Juli/Aug. bis 20 Uhr).

An der Rückfront der Westerkerk, direkt an der **Keizersgracht**, erinnert das **Homo-Monument** in Form dreier liegender Dreiecke aus rot gesprenkeltem Marmor an die homosexuellen Opfer der Besatzungszeit im Zweiten Weltkrieg und daran, dass Schwule heute in der Stadt ein ganz normales Leben führen können.

Woonbootmuseum 29

An der Prinsengracht ankert gegenüber von Haus Nr. 296 der ehemalige Kiesfrachter »Hendrika Maria«, Baujahr 1914. An Bord lässt dieses Hausbootmuseum erkennen, dass sich Haushalt und Alltag einer Familie auf dem Wasser kaum vom Leben an Land unterscheiden (Tel. 020/427 07 50, www.houseboatmuseum.nl, März bis Okt. Di–So, Nov.–Febr. nur Fr–So 11–17 Uhr).

De Negen Straatjes

Das Quartier zwischen Raadhuisstraat und Leidsegracht ist auf dem besten Weg, Amsterdams neue, schicke Shoppingmeile zu werden. Das trendige Angebot reicht von schrillen Handtaschen aus Recyclingmaterialien über angesagten Ethnoschmuck bis zum Wellnesstempel (www.thenine streets.com). Im Anschluss an den Bummel durch seine bunten Warenwelten lohnt sich eine Visite im **Bijbels Museum** 30, das sich sehr unkonventionell mit religiösen Themen beschäftigt (Herengracht 366–368, Tel. 020/624 24 36,

Kristallisationspunkt des Amsterdamer Nachtlebens: der Leidseplein

www.bijbelsmuseum.nl, Mo–Sa 10–17, So 11–17 Uhr).

Het Grachtenhuis 31

Modelle und Videosimulationen informieren in diesem Museum, das im März 2012 eröffnen soll, über die Entstehung und Entwicklung des Grachtengürtels. Ganz nebenbei kann man durch die schmucken hohen Räume eines Grachtenhauses aus dem 17. Jh. flanieren und einen versteckten Garten erkunden (Herengracht 386, www.hetgrachtenhuis.nl, Di–So 10–17 Uhr).

Leidseplein 32

Vor allem in den Abendstunden ist die Gegend um den Leidseplein am westlichem Ende der Leidsestraat **ein beliebter Treffpunkt für Musik-, Theater-, Ballett- und Kneipenfreunde.** Traditionsreiche Clubs wie **Paradiso** › S. 43 und **Melkweg** › S. 42 oder das Jazzcafé **Alto** › S. 42 übertreffen einander mit Konzerthighlights und schrägen Events, während in der **Stadsschouwburg** › S. 42 moderne sowie klassische Theaterstücke aufgeführt werden.

Echt gut!

Last-Minute-Tickets zu Sonderpreisen erhält man täglich bis 19.30 Uhr im **Uitburo** auf dem Leidseplein/Ecke Marnixsstraat. Da die Amsterdamer sich auch im Theater oder bei Konzerten eher lässig kleiden, kann man kulturelle Höhepunkte dort ohne feine Garderobe genießen.

Restaurant

Asiatisch inspirierte Suppenküchen sind in Amsterdam der gastronomische Renner. Und das **Wagamama,** ein Ableger der gleichnamigen Schnellrestaurantkette, die seit 15 Jahren in London gehobenes japanisches Fastfood anbietet, zählt zu den besten Nudelbars der Stadt (**Max Euweplein 10,** So–Do 12–22, Fr, Sa 12–23 Uhr). ●–●●

4 Spiegelkwartier

Die prächtigsten und breitesten Gebäude des Grachtengürtels stehen in der **Gouden Bocht** 33, dem Goldenen Bogen der Herengracht zwischen Leidsegracht und Vijzelstraat. Dort ließen sich die Aristokraten, Bankiers und Handelsherren des 17. Jh. repräsentative Paläste errichten.

Die Bezeichnung Spiegelkwartier für den zentralen Abschnitt des Grachtengürtels zwischen Leidse- und Reguliersgracht leitet sich übrigens von den vielen Antiquitätengeschäften ab, die hier ansässig sind. Inzwischen bereichern auch Galerien mit moderner Kunst und bedeutende Museen das malerische Viertel.

Es lohnt sich, hier auf die Giebelsteine der Häuser zu achten. Sie ersetzten früher als Identifikationsmerkmal die Hausnummern, gaben oft auchAuskunft über den Beruf des Erbauers. Als Repräsentant der französischen Besatzungsmacht war Louis Bonaparte vom Witz und Symbolgehalt der steinernen Adressangaben überfordert: Er ließ Straßennamen und Hausnummern einführen.

Wer eine Zeitreise ins 17., 18. oder 19. Jh. unternehmen und einen indiskreten Blick auf die Lebensgewohnheiten der Amster-

5 Grachtenrundfahrten

Seit 600 Jahren sind die Amsterdamer auf dem Wasser mobil. Entsprechend ist eine Stadterkundung auf dem Wasserweg eine ebenso bequeme wie reizvolle Ergänzung zum individuellen Stadtspaziergang: Grachtenrundfahrten in flachen Booten mit Glasdächern gibt es fast rund um die Uhr. Startpunkte sind die Reederei-Anleger an der Prins Hendrikkade vor der Centraal Station, an der Leidsekade und an der Stadhouderskade vor dem Rijksmuseum. Im Stundentakt ziehen die Boote ihre Runden. Wer den Kopf in den Nacken legt, erblickt zwischen den Linden und Ulmen manch schöne Fassade. Vom Wasser aus fällt die Vorwärtsneigung vieler Grachtenhäuser besonders ins Auge. Diese Konstruktion bewirkte, dass Lasten beim Hochhieven nicht gegen die Wand schlugen.

Die Schiffe passieren den offiziellen Wohnsitz des Bürgermeisters in der Herengracht 502. Besonders beliebte Fotomotive sind die Brückenlandschaft der Leidsegracht und die malerischen Hausboote, von denen etwa 2500 an der Amstel und an den Grachten festgemacht haben. Natürlich fehlt bei den Erläuterungen, die in 20 Sprachen vom Tonband kommen, auch der Hinweis auf das schmalste Haus der Welt am Singel Nr. 7 nicht. Es ist – zumindest an der Rückseite – nur 1 m breit.

Es empfiehlt sich, eine Rundfahrt am späten Nachmittag zu wählen oder eine der vielen Thementouren, die von den Reedereien angeboten werden. An Bord drängen sich dann deutlich weniger Passagiere und die Texte der Führungen sind ungleich spannender.

damer Patrizier werfen will, wird hier fündig: Im südlichen Grachtengürtel gibt es diverse Museen zum Thema Wohnkultur und Innenausstattung.

Auch Gartenfreunde kommen hier auf ihre Kosten. Hinter den Häusern verbergen sich wunderschöne, lang gestreckte Gärten. In der dicht bebauten Amsterdamer Innenstadt stellten sie einen ungeheuren Luxus dar und dienten daher als Repräsentationsobjekt. An bestimmten Tagen im Juni stehen einige dieser Gärten zur Besichtigung offen. Ein Dreitagesticket dafür kann man ab dem 1. März im Vorverkauf beim Amsterdam Tourism & Convention Board (ATCB) erwerben (www.opentuinendagen.nl).

FOAM 34

Zwischen Vijzelstraat und Reguliersgracht präsentiert das Fotografiemuseum Amsterdam in wechselnden Ausstellungen Raritäten in Schwarz-Weiß, spektakuläre Dokumente der Zeitgeschichte, ästhetische Bildexperimente und originelle Schauen mit den Arbeiten weltberühmter Fotokünstler und Fotoreporter. Zudem kann man dort hochwertige Abzüge von berühmten Bildern in limitierter Auflage kaufen (Keizersgracht 609, Tel. 020/551 65 00, www.foam.nl, tgl. 10–18, Do, Fr 10–21 Uhr).

*Museum Van Loon 35

Schräg gegenüber, auf der anderen Seite der Keizersgracht, dokumentiert das Museum im Patrizier-

Sightseeing im Grachtenboot

haus Nr. 672 den Lebensstil reicher Amsterdamer Kaufleute. In den Räumen glänzen vergoldete Möbel im Louis-Quinze-Stil; die Wände zieren Porträts der städtischen Prominenz des 17. Jhs.; der Museumsgarten an der Gracht ist ein Juwel. Wegen laufender Restaurierungsarbeiten sind Teile des Museums nur eingeschränkt zu besichtigen (Tel. 020/624 52 55, www.museumvanloon.nl, Mi–Mo 11–17 Uhr).

Echt gut!

Reizvolle Fotomotive bietet die Reguliersgracht, wo sich sieben Brückenbögen hintereinander im Wasser spiegeln.

*Tassenmuseum Hendrikje 36

Nicht um Porzellan geht es hier, sondern um die schicksten Accessoires aus fünf Jahrhunderten. In den Vitrinen des Handtaschenmuseums gibt es viel zu bestaunen: 3500 Hochzeitsbeutel, Bügeltaschen, Citybags, Rucksäckchen, Geldstrümpfe, Almosenbeutelchen und Raritäten erzählen die westliche Kulturgeschichte aus einer

Kaiserkronen zieren die Blauw Brug über die Amstel

eigenwilligen Perspektive. Die Schätze sind in einem prächtigen Grachtenhaus aus dem 17. Jh. untergebracht. Zwei Salons mit Deckenmalereien und Kaminen aus dem 17. und 18. Jh. können besichtigt werden.

Im **Museumsshop** wird eine Auswahl an Taschen und Lederwaren niederländischer und internationaler Designer angeboten. Frisch geweckte Wünsche können also an Ort und Stelle exklusiv befriedigt werden.

Auf der Rückseite des Gebäudes befindet sich ein stimmungsvolles **Museumscafé,** von dem man einen sehr schönen Blick über den historischen Garten des Museums hat (Herengracht 573, Tel. 020/524 64 52, www.tassen museum.nl, tgl. 10–17 Uhr).

*Museum Willet-Holthuysen 37

Wer Lust hat, kann hier die Eindrücke aus dem Museum Van Loon › S. 91 mit der originalen Einrichtung eines Bürgerhauses aus dem 19. Jh. vergleichen. Frau Willet-Holthuysen schenkte das Haus, das zwischen der Utrechtsestraat und der Amstel liegt, der Stadt. Ein Zimmer im Erdgeschoss schmückt ein Deckengemälde von Jacob de Wit (etwa 1740), in den anderen Räumen sind von Abraham Willet gesammelte Zeichnungen, Stiche, vergoldete Bierkrüge, Keramik, seltene Gläser und silberner Zierrat ausgestellt. Der im traditionellen französischen Stil angelegte idyllische Hausgarten ist eine Oase der Ruhe im Trubel der Stadt (Herengracht 605, Tel. 020/523 18 22, www.willetholthuysen.nl, Mo–Fr 10–17, Sa, So 11–17 Uhr).

Amstelbrücken

Den stimmungsvollen Abschluss des zentralen Grachtengürtels bildet die Brückenidylle an der Amstel: Während die mit Kaiserkronen und blauen Laternen verzierte **Blauwbrug** sich solide über den Fluss spannt, ist die filigrane Konstruktion der ***Magere Brug** 38 ein Stück ländlicher Vergangenheit, mit dem sich die Kapitäne arrangieren müssen: Mühsam manövrieren sie ihre Boote durch die schmale Passage. Die Zugbrücke wurde 1672 errichtet. Sie war so schmal, dass zwei Fußgänger nur knapp aneinander vorbei gehen konnten. Später hat man die

»magere« Brücke deutlich verbreitert. 1929 sollte sie durch eine moderne Konstruktion ersetzt werden, nach langen Diskussionen entschied man sich doch für eine weiß lackierte, nachts beleuchtete Rekonstruktion, die tausendfach fotografiert wird.

6 Hermitage Amsterdam 39

Nördlich der Magere Brug bezog 2009 die Dependance der weltberühmten Kunstsammlung in St. Petersburg den historischen Amstelhof, einst ein Heim für mittellose alte Frauen. In dem monumentalen klassizistischen Gebäudekomplex bieten helle Nischen, Lichtachsen und integrierte Beleuchtungssysteme den perfekten Rahmen für die wertvollen Exponate, die bei wechselnden Ausstellungen präsentiert werden. Das angenehme Café Neva und der Garten vervollständigen den neuen Stern am Amsterdamer Museumshimmel (Amstel 51, Tel. 020/530 87 51, www.hermitage.nl, tgl. 10–17, Mi bis 20 Uhr).

Im nahen Neerlandia Gebäude (Nieuwe Herengracht 14) wendet sich die »Hermitage für Kinder« mit Workshops und speziellen Führungen an 4- bis 18-Jährige.

Rembrandtplein 40

Zurück über die **Blauwbrug** und die Amstelstraat zieht es vor allem junge Besucher: Sie sorgen für Trubel im Kneipenviertel rund um den Rembrandtplein. Der Platz, an dem früher der Buttermarkt abgehalten wurde, war von

Die Magere Brug

Echt gut!

Die schönsten Brücken

- Die **Magere Brug,** eine filigrane hölzerne Zugbrücke, erinnert an die Zeit, als der Fluss Amstel noch eine immens wichtige Handelsstraße war.
- Allegorische Motive und Fabelwesen schmücken die über 200 **Brücken von Pieter L. Kramer** aus dem frühen 19. Jh. Ein schönes Exemplar überspannt den Graben am Eingang des Vondelparks › S. 107.
- In fröhlichen Wellen oder in der Form eines stilisierten Schiffes verbinden moderne **Fußgängerbrücken** die Wohnquartiere auf Java-Eiland miteinander › S. 126.
- Knallrot windet sich die **Python-Brücke** von Adriaan Geuze zwischen den künstlichen Wohninseln Sporenburg und Borneo im Östlichen Hafengebiet › S. 127.
- Gleich sieben Brückenbögen spiegeln sich in der **Reguliersgracht** im Spiegelkwartier. Den schönsten Blick hat man per Boot oder vom Kreuzungspunkt mit der Keizersgracht.

Special

Stadtfeste und Hot Spots des Nachtlebens

Während am Rembrandtplein die aktuellen Technobeats aus den Boxen der Clubs donnern, besinnen sich immer mehr Musikfans wieder auf die Vorzüge der Livemusik. Ein Blick in die Veranstaltungskalender zeigt: von Weltmusik und Garagenrock über Jazz-Improvisationen bis hin zu klassische Konzerten – es ist für jeden Geschmack etwas geboten. Die Zeiten, als die Szene sich abschottete und nur mit den richtigen Kontakten und dem richtigen Styling zugänglich war, sind vorbei. Heute ist wieder fast jeder willkommen in den Vergnügungsvierteln um den Rembrandt- und den Leidseplein oder im Kulturzentrum Westergasfabriek.

Aktuelle Events sind den monatlich erscheinenden Veranstaltungsmagazin »Uitkrant« (niederländisch, gratis) und »Time Out Amsterdam« (englisch, 2,95 €) zu entnehmen. Beide sind in Lokalen, Buchhandlungen und bei der Touristeninformation erhältlich.

Experimentelle Musik und Jazz

Seine grandiose Akustik, die prominente Lage am Hafen und ein erstklassiges Programm machen das **Muziekgebouw aan ´t IJ** zum Treffpunkt der Musikenthusiasten. Auch bei den großen Festivals in der Stadt ist der futuristische Kasten als Veranstaltungsort gefragt. Das **BIMhuis** direkt nebenan entwickelt sich gerade zu einem von Europas wichtigsten Foren für Jazz-Musiker und ihre Fans. An jedem ersten Montag im Monat – außer im Juli und August – treffen sich dort Musiker und Tänzer, um gemeinsam auf der Bühne zu improvisieren.

■ **Het Muziekgebouw aan 't IJ**
Piet Heinkade 1][Tel. 020/788 20 00, www.muziekgebouw.nl
tgl. 10–24 Uhr
■ **BIMhuis**
Piet Heinkade 3][Tel. 020/788 21 88 www.bimhuis.nl][tgl. 19–24 Uhr

Angesagte Clubs

24 Stunden Spaß und Dröhnung garantieren die Clubs, Dancehalls und Kneipen rund um den Rembrandtplein. Zwar treten fast nackte Gogo-Tänzerinnen inzwischen in jeder Provinzdisco auf, doch für junge Reisende aus aller Welt sind die Nächte im **Escape,** dem populärsten Club der Niederlande, nach wie vor ein Erlebnis. Aber Vorsicht: Dort werden Drogen en masse verhökert.

Etwas höher liegt das Durchschnittsalter der Gäste im **Odeon,** wo auf zwei Stockwerken die Post abgeht. Neben Tanzpartys stehen auch Lesungen oder Jazzgigs auf dem Programm.

Wer das Treiben rund um die Rembrandtstatue lieber bei einem Cocktail aus der Distanz beobachtet, ist hinter den hohen Fenstern des **Rain** richtig. An vier Tagen in der Woche gibt es Livemusik von House bis HipHop.

■ **Escape**
Rembrandtplein 11–15
www.escape.nl][Do–So 19–4 Uhr
■ **Odeon**
Singel 460, www.odeontheater.nl
Do–Sa 23–4.30 Uhr
■ **Rain**
Rembrandtplein 44
www.rain-amsterdam.nl
So–Do 18–2, Fr, Sa 18–4 Uhr

Kulturfestival

Amsterdams Sommerklassiker ist seit Jahren das Vondelpark **Openluchttheater,** das von Juni bis August stattfindet. Fast jeden Tag gibt es kostenlos Tanz, Kabarett und Livemusik, Performances, Partys und Jugendtheater bis 23 Uhr (Tel. 020/428 33 60, www.openluchttheater.nl).

Top Events

Laut, eng und fröhlich geht es zu, wenn zweimal im Jahr die ganze Stadt feiert: Der **Koninginnedag** ist ein riesengroßer Kindergeburtstag in Orange. Wer nicht trinken, schunkeln und das Königshaus dreifach hochleben lassen will, geht am 30. April besser nicht vor die Tür!

Als »Freudenhaus auf dem Wasser« ist die **Canal Parade,** der Hauptevent des Schwulenfestivals Amsterdam Gay Pride Ende Juli eine Institution. Nackte Haut und wilde Kostüme drängen sich beim sommerlichen Hedonistenkarneval auf überladenen schwimmenden Objekten. Eine politische Botschaft hat die Parade auch – aber die geht im Trubel unter.

Bekanntestes Kino der Niederlande: das Tuschinski-Theater

jeher ein Zentrum der Geselligkeit und des Amüsements. Bei Tage sind die Glasvorbauten und die Sitzgruppen aus Plastik rund um die namengebende Rembrandt-Statue keine Augenweide. Doch die In-Kneipen und Clubs, die Lounges, Discotheken, Cafés und Bars des Viertels sind immer sehr gut besucht. Zudem findet die überwiegend junge Traveller- und Partygemeinde dort die nötige Infrastruktur zum Chillen: Internet-Cafés und Fastfood-Kneipen.

Nur wenige Schritte vom internationalen Trubel entfernt richten die Lokale und Boutiquen in der Utrechtsestraat ihr fantasievolles Angebot an anspruchsvolle, zumeist einheimische Szenegänger.

Tuschinski Theater 41

In Sachen Opulenz steht das Tuschinski Theater den In-Cafés in nichts nach. Mit dem Kinopalast in der Reguliersbreestraat 26 erfüllte sich Abraham Tuschinski, ein polnischstämmiger jüdischer Kinounternehmer, der 1942 in Auschwitz ermordet wurde, seinen Lebenstraum.

Nach Tuschinskis Wünschen entstand 1918–1921 ein Gebäude, dessen gewagter Stil von Fachleuten als Sonderform des Art déco gefeiert wird. Einmalig sind die Friese an der Außenwand, die dekorativen Krokodile neben den bronzenen Eingangstoren, die »Spinnenlampe« mit den Pfauenmotiven und der prächtige, 150 m^2 große Teppich im Foyer.

Leider kann es das Kinoprogramm mit der Pracht seines äußeren Rahmens nicht aufnehmen, denn man spielt fast ausschließlich internationale Kassenschlager (www.pathe.nl/tuschinski).

Samstags ist Bauernmarkt an der Lindengracht im Jordaan

Nordwesten

Nicht verpassen!

- Im Jordaan Giebelsteine deuten und in einem Hofje die Zeit vergessen
- Bei Sonnenuntergang auf der Terrasse des Silodam die Skyline genießen
- Im Bruine Café ’t Smalle ein Bier trinken oder zwei oder …
- Auf den offenen Plätzen im alten Teil des Westerpark eine Partie Tennis spielen

Karte Seite 102

Zur Orientierung

Jordaan ist die vernuschelte Version des französischen Wortes »jardin«, Garten. Das Viertel westlich des Grachtengürtels wurde um 1612 an der Stelle des alten Amsterdamer Stadtgartens als Wohnquartier für die in die aufstrebende Stadt strömenden Arbeiter und Handwerker gebaut, für die Matrosen und Schreiner, die auf den Schiffen der Vereinigten Ostindischen Compagnie (VOC) Arbeit fanden. In den 70er-Jahren des letzten Jahrhunderts eroberten Studenten und Jungunternehmer, Künstler und Kreative das enge, mittlerweile sehr heruntergekommene Stadtviertel. Seitdem ist es nicht nur für seinen dörflichen Charme und den Zauber seiner versteckten Hofjes – kleine Innenhöfe voller Bäume, Brunnen und schöner Gärtchen – bekannt, sondern auch für seine lebhafte Café-, Kneipen- und Geschäftsszene.

Schaufenster für Second-Hand-Brillen im Jordaan

Ohne den Westertoren, den unübersehbaren Zeigefinger aus Backstein, würden Besucher schnell die Orientierung verlieren und sich hoffnungslos im Labyrinth der hübschen Gassen und schmalen Gänge zwischen Prinsen-, Brouwers-, Lijnbaans- und Looiersgracht im Nordwesten des Stadtzentrums verlaufen. Vor allem, weil beim Streifzug durch den Jordaan ständig originelle Boutiquen und Kleinstgalerien vom Weg ablenken.

Die Straßenzüge um den weiter nördlich gelegenen Westerpark entwickeln sich momentan zum neuen Trendviertel. Die Geschichte dieses architektonisch beeindruckenden Wohnquartiers ähnelt jener des nahen Jordaan: Erst vernachlässigt, dann in den 1970er-Jahren von Krakers besetzt, siedelten sich später Künstler und leidenschaftliche Individualisten in dem ehemaligen Industriegebiet um die Westergasfabriek an. 1989 wurden die Ziegelgebäude zu Industriedenkmälern erklärt. Seitdem erhielt die Gegend eine stadtplanerische Verjüngungskur: Gekonnt experimentierte man mit neuen Wohnkonzepten. Mittlerweile gibt es nicht nur ein attraktives Programmkino, Het Ketelhuis, sondern auch mehrere Cafés, jede Menge Designer, Künstler, einen Stadtteildichter und Rock- und Pop-Konzerte im ehemaligen Gasometer.

Unterwegs im Nordwesten

Vom Volksviertel zur In-Adresse

– 4 – Prinsenstraat › Noorderkerk › Palmgracht › Lindengracht › Meander › Westerpark › Het Schip › Silodam

Dauer/Distanz: 4–5 Std. (ohne Museumsbesuche), ca. 7 km.
Praktische Hinweise: Zum Jordaan fahren ab Dam die Straßenbahnen 13,14 und 17 (Haltestelle Westermarkt) sowie die Straßenbahn Linie 3 vom Museumsplein und Linie 10 vom Leidseplein zur Haltestelle Marnixplein. Vom Silodam fährt der Bus Linie 48 zurück zur Centraal Station. Der Nachtbus 353 hält an der Spaarndammerstraat.

7 **Jordaan

Seit die kreative Bohème in den Stübchen des Viertels östlich der Westerkerk ihre Ateliers eingerichtet hat und Möbeldesigner ihre Shops in ehemaligen Wohnzimmern etablieren, ist jeder Spaziergang durch das *kwartier* zwischen Rozengracht und Brouwersgracht wie ein Griff in die Überraschungstüte: Die **witzigen Läden heißen Blow up, Kleurgamma oder Ververs** (alle Hazenstraat) oder **Wonen 2000** und **Nolita** (Rozengracht). Auch Elandsgracht und Westerstraat brummen vor unbekümmerter Kreativität. Wer sich die Zeit zum Stöbern nimmt, entdeckt vielleicht das Werk eines noch unbekannten Newcomers kurz vor seinem großen Durchbruch.

cht gut!

Einen Besuch wert ist zunächst das **Zon's Hofje** 1 hinter der Prinsenstraat 159–171. Dort ist über einem Portal ein Giebelstein erhalten, der die beladene Arche Noah zeigt. Die dazugehörige Kirche wurde jedoch bereits 1765 abgebrochen.

Noorderkerk 2

An der Prinsengracht nordwärts steht die Noorderkerk, entworfen vom Stadtbaumeister Hendrick de Keyser (1565–1621). In der Noorderkerk wohnte die Arbeiterschicht des Jordaan dem protes-

Rundum-Sanierung

Das alte Arbeiterviertel wäre vor einigen Jahrzehnten beinahe abgesackt. Sein Fundament aus Fichtenstämmen faulte arg, die Bausubstanz war in verheerendem Zustand. Gerade noch rechtzeitig erinnerte sich die Stadtverwaltung an den Charme und das touristische Potenzial des Jordaan. Seitdem wird rundum renoviert. Die alteingesessenen Handwerker, Arbeiter und Studenten können sich die sanierten Wohnungen oft nicht mehr leisten.

Stammkneipe mit Vergangenheit: das Bruine Café Papeneiland

tantischen Gottesdienst bei. Der Grundriss der Kirche am Noordermarkt 18 bildet ein griechisches Kreuz. Hinter der Kirche hat man dem Original des Viertels, Woutertje Pieterse, einer Romanfigur des Schriftstellers Multatuli (1820–1887), ein Denkmal gesetzt.

Hofjes

Kurz vor dem nordwestlichen Ende der Brouwersgracht biegt links die Palmgracht ab. Der kleine Durchgang am Haus Nr. 28 führt in das schmucke **Raepenhofje** **3**. Die historische Wohnanlage aus dem 17. Jh. wird von einer Stiftung verwaltet. Nebenan verdient das reizende **Bossche Hofje** (Palmgracht 20–26) einen Blick. Nicht weit entfernt liegt am Ende eines schmalen Durchgangs zwischen zwei Häusern das **Suykerhoff Hofje** **4** (Eingang Lin-

Versteckte Hinterhofidyllen

Hinter kleinen Holztüren und unscheinbaren Fassaden verbergen sich im Stadtteil Jordaan idyllische Innenhöfe, die »hofjes«. Im 17. Jh. stifteten reiche Bürger im damaligen Armeleuteviertel kleine Siedlungen, in denen Witwen und alte Menschen mietfrei oder günstig wohnen konnten – eine frühe Form der Altenpflege und des sozialen Wohnungsbaus. Die Giebelsteine dieser »Höfchen« erinnern an die Stifter. Heute leben in diesen Hofjes, die meist versteckt an die Rückseite von Häusern gebaut wurden, junge Leute und Individualisten hinter grünen Paravents aus Heckenrosen und Hibiskus. Typisch für ein Hofje ist die Wasserpumpe im Innenhof und eine wohlgenährte Katze, die fremde Gesichter in ihrem Revier misstrauisch mustert.

Nicht alle Hofjes sind für Besucher zugänglich. Aus Ärger über lästige Touristen verschließen immer mehr Bewohner die Tür zu ihrem kleinen Paradies, v.a. abends und an den Wochenenden. Einen virtuellen Spaziergang durch die Hofjes ermöglicht die Webseite www.jordaanweb.nl (auf der englischen Version »inner courts« anklicken).

dengracht 149–163). Beim Bummel kann man an vielen Fassaden außergewöhnliche alte Giebelsteine entdecken: Am Haus Lindengracht 57A etwa einen Baum, in dessen Krone Fische schwimmen. Vielleicht war der Steinmetz nicht ganz nüchtern, so die Erklärung der Anwohner, wenn ein Tourist die »Verkeerde Wereld« von 1672 bewundert. Ein geheimnisvoller Stein ist in die Fassade des Hauses Lindengracht 53 eingemauert: Über der Aufschrift »Wargaarn« versuchen zwei Affen und ein Hund Garn aufzuhaspeln. Auf der anderen Straßenseite zieren drei unterschiedliche Porträts des biblischen Königs David die Adressen Lindenstraat Nr. 4, 6 und 19. In der Bloemgracht 81 ist De jonge Saer, der junge Sämann, bei der Arbeit zu sehen.

Ähnlich gemütlich und ebenso versteckt wie das Suykerhoff Hofje ist das **Karthuizerhofje** 5 in der Karthuizerstraat Nr. 89–171, eine kleine dörfliche Idylle mitten in der Großstadt. Sehenswert ist weiterhin das von einem Tuchhändler gegründete **Claes Claesz Anslohofje** 6 (Eingang Egelantiersstraat 34–54) mit seinem Löwenbrunnen. An der Egelantiersgracht 105–141 stößt man auf das **Sint Andrieshofje** 7, das älteste Spital Amsterdams.

Wer die Gässchen und Hofjes nicht auf eigene Faust entdecken und Anekdoten vom Jordaan hören mag, kann sich einer Führung von Mitgliedern der Gilde Mee in Mokum anschließen (nach Anmeldung, Tel. 020/625 44 50).

Shopping

- Jeden Montagvormittag wird auf dem **Noordermarkt** ein kleiner **Trödelmarkt** aufgebaut – und um die Ecke, in der **Westerstraat**, ein **Straßenmarkt** mit Stoffen, Möbel, Klamotten, Nippes und natürlich Blumen über Blumen.
- In der **Lindengracht** findet jeden Samstag der **Boerenmarkt** (Bauernmarkt) statt, auf dem vor allem Bioware verkauft wird.

Echt gut!

Die buntesten Märkte

- Morgens ab 9 Uhr quillt der **Albert-Cuyp-Markt** über vor buntem Gemüse, frischem Fisch und günstigen Klamotten. Ab 16 Uhr gibt es frische Waren zu Schleuderpreisen. Nur sonntags schonen die Händler ihre Stimmbänder › S. 114.
- Der schwimmende **Blumenmarkt** am Singel bestiicht tgl. von 9.30–18 Uhr mit bunter Blütenpracht und dicken Sträußen für wenig Geld › S. 77.
- Alte Schätze, Kunst und schönster Krempel stapeln sich auf dem **Antiekmarkt De Looier** in einer alten Molkerei (Elandsgracht 109, Sa–Do 11–17 Uhr).
- Freitags von 10–18 Uhr stöbern Bücherwürmer in den vollen Kisten des **Buchmarktes** auf dem Spui.
- Ursprünglich ein jüdischer Markt, bietet der **Flohmarkt** auf dem Waterlooplein heute Massenware aus aller Welt an (Mo–Sa 9–18 Uhr).
- Kreative Amsterdamer bieten ihre Werke auf dem **Kunstmarkt** zum Verkauf an (Thorbeckeplein, März–Okt. So ab 9.30 Uhr).

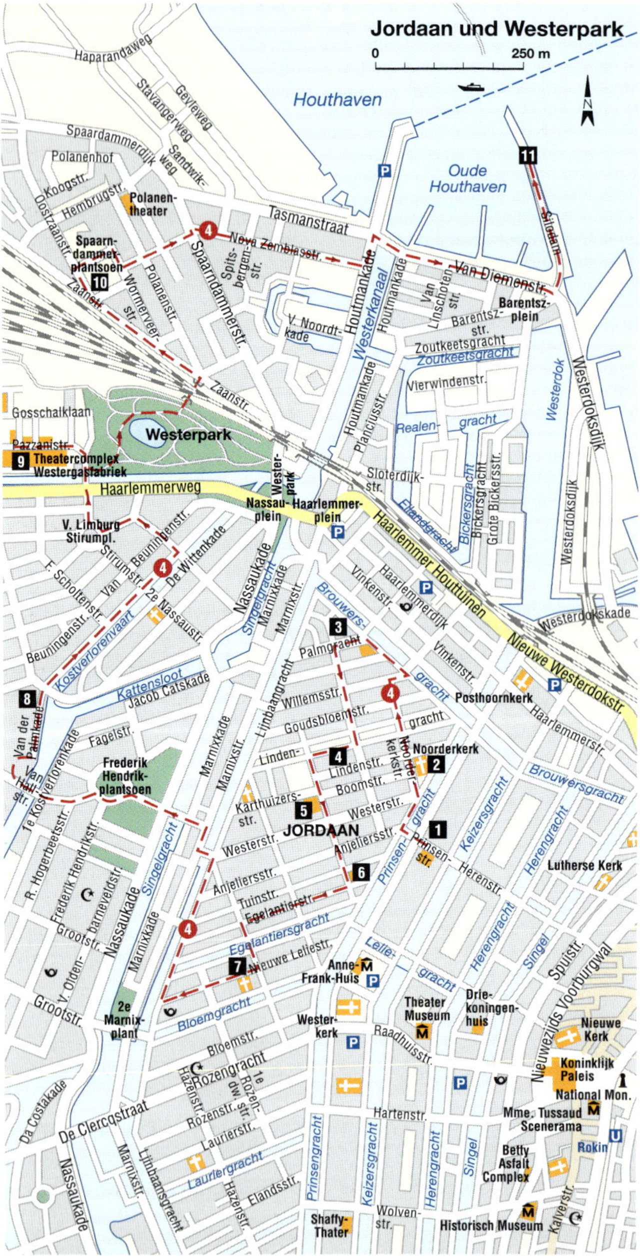
Jordaan und Westerpark
0
250 m
N
Houthaven
Oude Houthaven
Haparandaweg
Stavangerweg
Gevleweg
Spaardammerdijk
Sandwik-weg
Polanenhof
Koogstr.
Hembrugstr.
Oostzaanstr.
Polanen-theater
Spaarn-dammer-plantsoen
10
Zaanstr.
Wormerveer-str.
Polanenstr.
Spaarndammerstr.
Spits-bergen-str.
Nova Zemblastr.
Tasmanstraat
Van Diemenstr.
Silodam
11
Houtmankade
Westerkanaal
Van Linschoten-str.
Barentsz-plein
Barentsz-str.
V. Noordt-kade
Zoutkeetsgracht
Vierwindenstr.
Westerdok
Westerdoksdijk
Planciusstr.
Realen-gracht
Bickersgracht
Grote Bickersstr.
Sloterdijk-str.
Eilandsgracht
Gosschalklaan
Westerpark
Pazzanistr.
9
Theatercomplex Westergasfabriek
Haarlemmerweg
Wester-park
Nassau-plein
Haarlemmer-plein
Haarlemmer Houttuinen
Nieuwe Westerdokstr.
Westerdokskade
V. Limburg Stirumpl.
Van Beuningenstr.
De Wittenkade
Strumstr.
F. Scholtenstr.
Beuningenstr.
2e Nassaustr.
Nassaukade
Singelgracht
Marnixkade
Marnixstr.
Vinkenstr.
Haarlemmerdijk
Brouwersgracht
3
Palmgracht
Posthoornkerk
Haarlemmerstr.
Kostverlorenvaart
Kattensloot
Jacob Catskade
8
Van der Palmkade
Van Hallstr.
Fagelstr.
Frederik Hendrik-plantsoen
1e Kostverlorenkade
Lijnbaansgracht
Willemsstr.
Goudsbloemstr.
Linden-gracht
Noorderkerkstr.
Noorderkerk
2
4
Lindenstr.
Boomstr.
Karthuizers-str.
5
Westerstr.
JORDAAN
Anjeliersstr.
1
Prinsen-str.
Prinsengracht
Keizersgracht
Herengracht
Herenstr.
Lutherse Kerk
6
R. Hogerbeetsstr.
Frederik Hendrikstr.
V. Oldenbarneveldtstr.
Tuinstr.
Egelantiersstr.
Egelantiersgracht
Nieuwe Leliestr.
7
Anne-Frank-Huis
Leliegracht
Singel
Spuistr.
Nieuwezijds Voorburgwal
Grootstr.
2e Marnix-plant
Bloemgracht
Wester-kerk
Theater Museum
Drie-koningen-huis
Raadhuisstr.
Nieuwe Kerk
Koninklijk Paleis
National Mon.
Bloemstr.
Rozengracht
Hazenstr.
1e Rozen-dw. str.
Rozenstr.
Lauriergracht
Laurierstr.
Elandsstr.
Da Costakade
De Clercqstraat
Hartenstr.
Mme. Tussaud Scenerama
Rokin
Betty Asfalt Complex
Wolven-str.
Shaffy-Thater
Historisch Museum
Kalverstr.

Karte Seite 102

Cafés

- Gelegenheit für eine wohlverdiente Pause in netter Umgebung bietet das Café de Tuin (**2e Tuindwarsstraat 13, Tel. 020/624 45 59**).
- Zwei Ecken weiter lockt das Café 't Smalle, wo der Brenner Pieter Hoppe 1780 mit seinem Jenever-Destillierbetrieb begann (**Egelantiersgracht 12, Tel. 020/623 96 17**).

Stadterweiterung nach Westen

Ende des 19. Jh. machten die industrielle Revolution, der boomende Hafen und die wachsende Bevölkerung eine erneute Stadterweiterung nötig: Westlich des Zentrums entstand der Westerpark, ein Mischgebiet mit Gewerbe- und Industriekomplexen sowie Mietskasernen des sozialen Wohnungsbaus, die heute unter Denkmalschutz stehen. Sobald man die Singelgracht überschreitet, ändert sich die Atmosphäre: Breite, gerade Straßen und monumentale Gebäudefronten in Ziegelrot bestimmen das Bild; goldgelbe Schmuckbänder und ornamentale Friese lockern die Fassaden auf.

– 4 –

Vom Volksviertel zur In-Adresse

1 Zon's Hofje
2 Noorderkerk
3 Raepenhofje, Bossche Hofje
4 Suykerhoff Hofje
5 Karthuizerhofje
6 Claes Claesz Anslohofje
7 Sint Andrieshofje
8 Meander
9 Westergasfabriek
10 Het Schip
11 Silodam

Und immer wieder fügt sich ein moderner Bau perfekt in die historischen Ensembles ein.

Interessant ist vor allem der 2005 fertig gestellte **Meander** 8 von Rob Krier, **ein gewundener, schicker Wohnblock** mit integrierter Grundschule und Bibliothek in der Van der Palmkade.

Echt gut!

Restaurant

Das Innenleben des steinernen Bandwurms kann man im Szene-Restaurant Blender bewundern, wo mitten im Raum feinste französisch-niederländische Fusionküche zelebriert wird. Von der Terrasse hat man einen schönen Blick aufs Wasser (**Van der Palmkade 16, Tel. 020/486 98 60**, tgl. 18–23 Uhr, Mo geschl.). ●●

*Westergasfabriek 9

Nördlich des Haarlemerwegs betritt man den alten **Westerpark** aus dem Jahr 1866, auf dessen Teich ein besonderes Kunstwerk schwimmt, das ewige Hochzeitskleid aus Patchworkflicken, bewacht von der größten Graureiherkolonie der Stadt. In den Bäumen lärmen Schwärme von grünen Halsbandsittichen. In diesem Teil des Parks gibt es Tennisplätze, die allen Fans des Ballsports offen stehen.

Die Westergasfabriek war die größte Steinkohlegasfabrik der Niederlande. Sie wurde von 1883 bis 1885 von Isaac Gosschalk (1838–1907) erbaut, einem im Bereich Zweckbauten führenden Architekten der Niederlande. Der klassische Industriebau und seine 22 noch erhaltenen Gebäude erhielten zwischen 1989 und 1996 den Rang eines Nationaldenkmals und gehören zur ERIH (European Route of Industrial Heritage). Heute wird das Fabrikgelände als Kulturzentrum genutzt › S. 42. Geboten wird alles vom Popkonzert bis zum experimentellen Theater – ein Hot Spot für Künstler, Musiker und Partypeople (www.westergasfabriek.nl).

Entspannung bietet auch der neue, von Kathryn Gustafson entworfene Teil des Westerparks, der sich über das ehemalige Wasserleitungsgelände zieht.

Die Broschüre »Westerpark, Architektur- und Kunstspaziergänge« des Amsterdamer Tourismus- & Kongressbüro (ATCB bzw. VVV › S. 138) beschreibt zwei Entdeckungsreisen zu Architektur und Kunst im Stadtbezirk Westerpark.

*Het Schip 10

Vom Westerpark aus führt eine Unterführung nach Norden auf die Zaanstraat. Wendet man sich auf der Zaanstraat stadtauswärts nach links, geht man direkt auf den Bug eines versteinerten Riesenschiffes zu: Het Schip wurde 1919–21 nach Plänen des gebürtigen Amsterdamers Michel de Klerk gebaut und vereint alle Charakteristika des expressionistischen Baustils der Amsterdamer Schule in sich: Die organisch geschwungene Fassadenlinie ist mit einer Vielfalt von dekorativen Klinkerbändern, mit 1800 unterschiedlichen Sprossenfenstern, mit steinernen Skulpturen und Türmen geschmückt. Ein Teil des Gebäudes ist als **Museum** zugänglich. Dort erfährt man, dass die Bauherren bei allem sozialen Engagement kein Herz für Hausfrauentratsch hatten: Sie brachten in einigen Wohnungen die Fensterbänke so hoch an, dass sich niemand aus dem Fenster lehnen konnte (Spaarndammerplantsoen 140, Tel. 020/418 28 85, www.hetschip.nl, Di–So 11–17 Uhr).

Silodam 11

Einem riesigen Containerstapel gleich treibt ein weiteres architektonisches Highlight auf dem Oude Houthaven. Der zehngeschossige Wohnkomplex Silodam, ein Entwurf des Architektenbüros MVRDV, steht auf massiven Betonpfosten im Wasser neben den alten Getreidespeichern am 300 m langen Kop van de Silodam. Neben gewerblichen Flächen vereint der Wohnkomplex ganz unterschiedliche Wohnungstypen: Ateliers, Studios, Maisonettes und Sozialwohnungen. Einige Apartments wurden als barrierefreie Seniorenwohnungen angelegt. Von Farbe und Material her unterschiedlich gestaltete Fassaden kennzeichnen die verschiedenen Wohnbereiche.

Das Promenadedeck vor dem Haupteingang an der Ostseite des Gebäudes ist ein idealer Platz, um im Abendlicht die sich ständig verändernde Silhouette der Stadt zu bewundern.

Vincent van Goghs Selbstporträt von 1888 im Van-Gogh-Museum

Museumsviertel

Nicht verpassen!

- Trotz Gedränge die Magie der »Sonnenblumen« von van Gogh spüren
- Für ein Foto auf der Stadtslogan-Installation »I amsterdam« herumklettern
- Hollandse Nieuwe auf dem Albert-Cuyp-Markt essen – in einem Bissen!
- Auf der Terrasse des Blauwe Theehuis im Vondelpark entspannen

Zur Orientierung

Amsterdams Pilgerpfad für Kunstfreunde führt derzeit vorbei an Baugittern und Schalbrettern. Doch trotz dieser Hindernisse ist ein Tête-à-Tête mit Rembrandts »Nachtwache«, mit Vermeers und Frans Hals' Werken möglich. Allerdings in eingeschränktem Umfang: In der Ausstellung »Masterpieces« im frisch renovierten Philipsflügel des Rijksmuseums sind in sechs großzügigen Sälen alle Meisterwerke des Goldenen Jahrhunderts vereint.

Freunde der zeitgenössischen Kunst können nach langer Renovierungsphase wieder die Exponate und spannenden Sonderschauen im Stedelijk Museum bewundern, auch wenn die offizielle Wiedereröffnung noch auf sich warten lässt. Immerhin wurde im Dezember 2011 die Fassade des hypermodernen Erweiterungsbaus enthüllt. Gleich nebenan zieht das Van-Gogh-Museum mit den »Kartoffelessern« und den »Sonnenblumen« Besucherscharen an. Sein neuer Flügel, 1999 vom Architekten Kisho Kurokawa angefügt, bietet Platz für Sonderausstellungen.

Vor oder nach dem Kunstgenuss bietet der Vondelpark Entspannung in der frischen Luft. Das nahe Viertel De Pijp, das sich südlich der Stadthouderskade bis zum Amstelkanal zieht, ist ein buntes Quartier mit einer Überdosis städtischer Lebensfreude.

Zu jeder Jahreszeit lohnt ein ausgedehnter Spaziergang im Vondelpark

 Karte Seite 108

Ende des 19. Jhs. wurde es auf einem Polder gebaut und im Volksmund Pijp, also Röhre genannt, wegen der schmalen Wassergräben, die den ehemaligen Polder durchzogen. Seine Bewohner waren Künstler, Studenten, Arbeiter und leichte Mädchen. In den 1960er-Jahren ließen sich die spanischen Gastarbeiter hier nieder, die in der Heineken-Brauerei an der Stadthouderskade arbeiteten. Seitdem sind nicht nur Menschen aus aller Welt ins Viertel eingewandert, sondern auch diejenigen, die sich die Wohnungspreise im Grachtengürtel nicht mehr leisten können und wollen.

Unterwegs im Museumsviertel

Grüne Oasen und Kunsttempel

– 5 – Vondelpark › Diamond Center › Rijksmuseum › Van-Gogh-Museum › Stedelijk Museum › Concertgebouw › Quartier De Pijp › Albert-Cuyp-Markt › Heineken-Brauerei › Sarpathipark

Dauer: 4 Std. (ohne Museumsbesuche), ca. 5 km

Praktische Hinweise: Wer die Besucherschlangen vor den großen Museen vermeiden will, sollte sich die Ausstellung »The Masterpieces« im Philipsflügel des Rijksmuseums sowie die Schätze des Van-Gogh-Museums zwischen 12 und 15 Uhr ansehen oder Eintrittskarten vorab online über die Museumswebsites kaufen. Für einen Besuch des Lunchkonzerts im Concertgebouw (Mi um 12.30 Uhr) am selben Tag wird die Zeit sonst zu knapp.

*Vondelpark 1

Die 45 ha große, nach dem Dichter Joost van den Vondel (1587–1679) benannte Oase inmitten der Stadt, stifteten Amsterdamer Bürger im Jahr 1865. In dem idyllischen Landschaftspark wurden Wander-, Fahrrad- und Reitwege, Teiche, ein Wäldchen, ein Pavillon und ein Bauernhof angelegt. Inzwischen ist der Vondelpark der öffentliche Garten der jungen Amsterdamer, in dem Artisten und Musikanten ebenso ihr Publikum finden wie hedonistische Selbstdarsteller oder die verkaterte Drag Queen.

Den Eingang des Parks markieren eine Statue der »Jungfrau von Amsterdam« und eine Fußgängerbrücke, deren fantasievolle Gestaltung an den Architekten Pieter L. Kramer (1881–1961) erinnert. Als ästhetischer Berater überwachte Kramer ab 1917 den Bau von rund 200 neuen Amsterdamer Brücken, die durch ihre Schmiedearbeiten und allegorische Motive in den Pfosten auffallen. Im **Vondelpark Openluchttheater** wird von Anfang Juni bis Ende Aug. **fast jeden Nachmittag und Abend ein kostenloses Kulturprogramm geboten:** Konzerte, Jugendtheater, Tanzshows etc. Manchmal ringen auch unbekannte Nachwuchskünstler in spontanen Happenings um die Gunst des Publikums.

Echt gut!

Nederlands Filmmuseum 2

Gleich am Eingang des Parks fällt das imposante Gebäude des Filmmuseums auf. Seine berühmte Sammlung umfasst 46 000 niederländische und internationale Filme, 35 000 Poster und 450 000 Fotos von den Anfängen der Filmgeschichte 1895 bis heute.

Das Museum, renommiert für seine Restaurierung brüchigen Zelluloids, zeigt täglich mehrere Filme aus seinem Bestand: epochale, ungewöhnliche oder nur Experten bekannte. Allein die Art-déco-Einrichtung seines Vorführsaals, des **Cinéma Parisien,** ist schon eine Sehenswürdigkeit (Vondelpark 3, Tel. 020/589 14 00, www.filmmuseum.nl, Mo–Fr 9 bis 22.15 Uhr, Sa, So ab der 1. Vorstellung bis ca. 22.15 Uhr).

!! Da sich die Schätze und Arbeitsbereiche des Niederländischen Filminstituts EYE bisher auf mehrere Standorte verteilen, bekommt es ab 2012 eine neue Heimat in einem spektakulären weißen Gebäude am Nordufer des IJ gegenüber dem Hauptbahnhof.

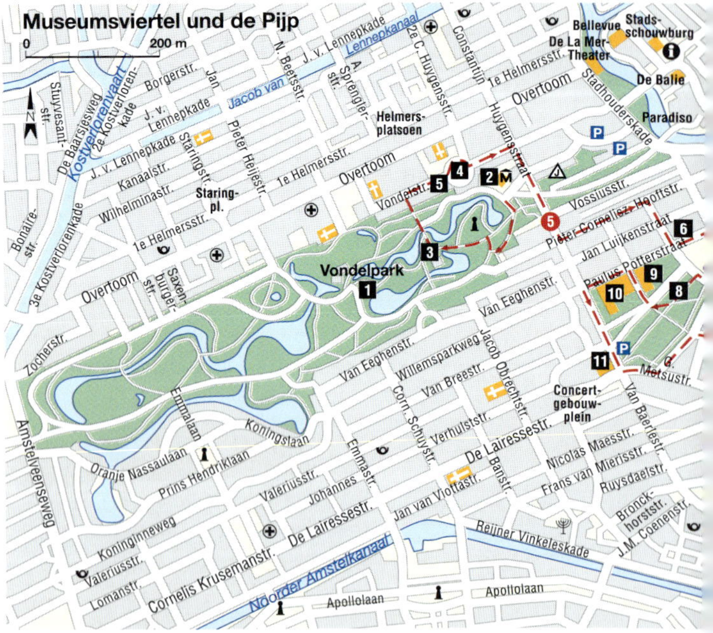

Karte Seite 108

Restaurants

■ Auf der großen Terrasse des **Blauwe Theehuis** **3**, einem Pavillon aus dem Jahr 1937 inmitten des Vondelparks, kann man bei kleinen Snacks den Blick über den Park genießen (**Vondelpark 5, tgl. 11–22 Uhr**). ●

■ Frühstück, Mittag- und Abendessen gibt es zu moderaten Preisen im **Café Vertigo** im Filmmuseum. Ein filmreifes Angebot ist das abendliche 3-Gänge-Menü für 25 € im **Restaurant Vertigo** (**Vondelpark 3, Tel. 020/612 30 21**). ●

Vondelkerk 4

Neben dem Café Vertigo im Eingangsbereich des Parks führt ein Weg zur Vondelkerk (1870–1880, Vondelstraat 120a), die als die schönste Kirche des Architekten Petrus J. H. Cuypers gilt.

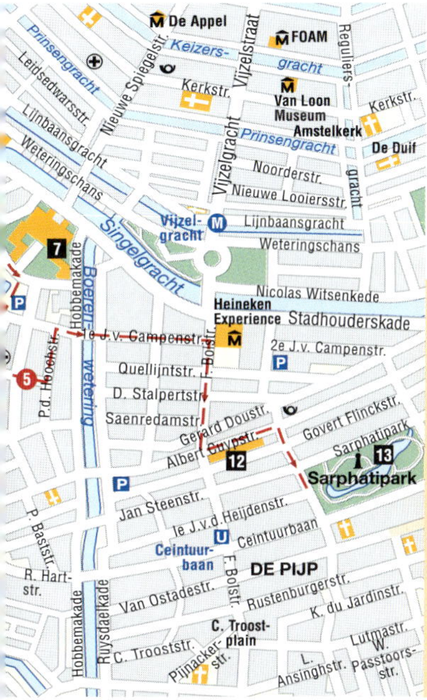

Hollandse Manege 5

Wenige Schritte weiter versteckt sich dieses Hippodrom zwischen Wohnhäusern hinter einem auffälligen Torbogen in der Vondelstraat 140. Der Bau aus dem Jahr 1882 wird nach wie vor als Reitschule genutzt, aber es lässt sich dort auch gepflegt Kaffee trinken.

Shopping

Zwischen Vondelpark und Museumsquartier liegen die elegantesten Einkaufsstraßen der Stadt. In der **Pieter Corneliszoon Hooftstraat** z.B. haben weltbekannte **Couturiers** und **Juweliere** ihre Dependancen. **Designläden** finden sich im **Willemsparkweg**, in der **Jacob Obrechtstraat** und zum Teil auch in der **Cornelis Schuytstraat**.

Diamant Museum 6

Seit über 400 Jahren genießen in Amsterdam geschliffene Diamanten unter Experten Weltruf. Seine Blüte erlebte der noble Industriezweig, als man ab 1867 in der Burenkolonie Südafrika große Diamantvorkommen entdeckte. Die hoch qualifizierten Arbeiter in

– 5 –

Grüne Oasen und Kunsttempel

1. Vondelpark
2. Nederlands Filmmuseum
3. 't Blauwe Theehuis
4. Vondelkerk
5. Hollandse Manege
6. Diamant Museum
7. Rijksmuseum
8. Museumplein
9. Van-Gogh-Museum
10. Stedelijk Museum
11. Concertgebouw
12. Albert-Cuyp-Markt
13. Sarphatipark

den Schleifereien, oft Juden, gehörten zu den bestbezahlten der Stadt. 1908 wurde bei Asscher der 3024 Karat schwere Cullinan als größter Diamant der Welt in 96 prächtige Einzelstücke zerlegt. Sie bereichern nun den Juwelenschatz des britischen Königshauses im Tower von London. Das Diamantenmuseum informiert über Mineralogie ebenso wie über die Arbeit in einer Schleiferei oder über berühmte Juwelendiebe (Paulus Potterstraat 8, Tel. 020/305 53 00, www.diamantmuseumamsterdam.nl, tgl. 9–17 Uhr).

8 **Rijksmuseum 7

Natürlich ist der Publikumsmagnet des Museums, »Die Nachtwache«, auch während der Renovierungsarbeiten zu besichtigen, ansonsten bietet das Rijksmuseum bis zu seiner Wiedereröffnung, die für das Jahr 2013 geplant ist, nur eingeschränkten Kunstgenuss.

Den Grundstock für diese einzigartige Sammlung legte Napoleons Bruder Louis Bonaparte. Er begann 1808 damit, im Koninklijk Paleis › S. 75 ein Nationalmuseum aufzubauen. Ende des 19.Jh. erhielt der Architekt Petrus J.H. Cuypers (1827–1921) den Auftrag, ein Reichsmuseum für die Fülle an Bildern, Kunsthandwerk und exotischen Schätzen aus den Kolonien zu bauen. Er entwarf ein Gegenstück zu seinem anderen Amsterdamer Prunkbau, dem ähnlich opulenten Hauptbahnhof. 1885 zog die umfangreiche Sammlung in ihr neues Domizil am damaligen Stadtrand um. Nach mehr als 120 Jahren wurden umfassende Umbaumaßnahmen fällig. Im Infocenter im Garten des Museum, dem **Nieuwscentrum**, kann man die Pläne begutachten und sich über den Baufortschritt informieren lassen.

Vorläufig finden sich im Philipsflügel »The Masterpieces« von Rembrandt, Vermeer, Jacob van Ruisdael und Jan Steen. Neben den Meisterwerken dieser Genies werden Glanzstücke der nordniederländischen Malerei, Bildhauerei und des Kunsthandwerks in sechs neu gestalteten Ausstellungsräumen gezeigt. Auf Vermeers berühmte »Dienstmagd mit Milchkrug« (1658–1660) muss also niemand verzichten (Infocenter und Eingang Philipsflügel: Jan Luijkenstraat 1, Tel. 020/674 70 00, www.rijksmuseum.nl, tgl. 9–18 Uhr).

!! Für Besitzer der »I amsterdam Card« › S. 139 ist der Eintritt zur »Masterpieces«-Ausstellung im Philipsflügel kostenlos.

Kunstpause

Im Zuge der Umgestaltung des neoklassizistischen Backsteinbaus haben viele Schätze des Rijksmuseums vorerst Besucherpause: die Gemälde flämischer und holländischer Meister aus dem 15. bis 20. Jh., die gotischen Zunftmöbel, mittelalterlichen Skulpturen, Elfenbeinschnitzereien, islamische Keramik, alte französische Schnupftabakdosen, Delfter Kacheln und, und, und …

Entspannung vor, auf und unter dem Stadtmotto »Iamsterdam«

Museumplein 8

Zwischen den Museumsbauten dient der Museumplein als begrünter Erholungsraum: Wo 1883 die Weltausstellung stattfand, jagen heute Skateboarder durch die Halfpipe und posieren Touristen vor den rot-weißen Riesenlettern des Stadtslogans »Iamsterdam«. Unter der futuristischen Rampe verbergen sich eine Parkgarage und ein Supermarkt. Auf der Wiese des Museumplein, der ursprünglich asphaltiert war, wurde ein Denkmal zu Ehren der im KZ Ravensbrück umgekommenen Frauen errichtet.

9 **Van-Gogh-Museum 9

Knapp 200 m Fußweg führen zum verglasten Betonquader des Architekten Gerrit Rietveld, den das Spezialmuseum 1973 bezog. Es besitzt mit 205 Gemälden sowie rund 500 Zeichnungen und Aquarellen die weltweit größte Sammlung von Werken van Goghs sowie dessen Briefwechsel mit seinem Bruder Theo. Eine ähnliche Fülle von Werken van Goghs kann sonst nur das Kröller-Müller-Museum in Otterloo bieten. Der Andrang vor den weltberühmten Bildern ist das ganze Jahr über groß, vor allem in den Sommermonaten bilden sich vor den »Kartoffelessern«, dem noch in düsteren Farben gemalten Frühwerk, den Stilleben wie den »Sonnenblumen« und der »Vase mit Iris« sowie den Selbstportäts lange Schlangen.

Außerdem sind im Museum Gemälde von van Goghs malenden Zeitgenossen (u.a. Henri de Toulouse-Lautrec, Paul Gauguin und Monticelli) ausgestellt.

Der 1999 eröffnete Erweiterungsbau des Van-Gogh-Museums

Echt gut!

1999 erhielt das Museum einen Erweiterungsbau, den **hypermodernen Pavillon des Japaners Kisho Kurokawa.** Der elliptisch geformte Bau wird vorwiegend für Sonderausstellungen genutzt. Beide Museumsteile sind durch einen unterirdisch verlaufenden Gang miteinander verbunden (Paulus Potterstraat 7, Tel. 020/570 52 52, www.vangoghmuseum.nl, Sa–Do 10–18, Fr 10–22 Uhr).

Stedelijk Museum 10

Den Grundstock für die außergewöhnliche und inzwischen unbezahlbare Sammlung des Stedelijk mit Werken von Picasso, Chagall, Lovis Corinth, Piet Mondriaan und vielen anderen Malern der klassischen Moderne legte der Kunsthändler Baron Pieter Lopes Suasso, dessen Witwe dem Städtischen Museum 1890 die reiche Kollektion ihres Mannes schenkte.

Im Boot zur Kunst

Nächste Haltestelle: »Nachtwache«. Wer an einem Tag möglichst viele Ausstellungen besuchen will, kann die Distanzen bequem mit dem Museumsboot überwinden. Von den sechs Haltestellen (Centraal Station, Prinsengracht, Leidseplein, Rijksmuseum, Stopera und Damrak) aus kann man zu Fuß in wenigen Minuten 20 Museen gut erreichen.

Ein Ticket kostet 15 € und gewährt reduzierten Eintritt in über 10 Museen. Ohne Museumsbesuche dauert die Rundfahrt 1,5 Stunden. Die Boote verkehren das ganze Jahr über tgl. von 10–17 Uhr (kein Bootsverkehr am 1. Jan. und am 30. April, dem Koninginnedag). Information: **Museumboot Rederij Lovers,** Prins Hendrikkade, Tel. 020/530 10 90, www.lovers.nl

 Karte Seite 108

Im Schatten des großen niederländischen Impressionisten van Gogh standen bisher – zumindest in puncto Zuschauerandrang – die ambitionierten Wechselausstellungen dieses Museums für Moderne Kunst, das neben den modernen Klassikern auch ultramoderne Werke von Anselm Kiefer, Bruce Naumann und zeitgenössischen niederländischen Kunstgrößen präsentiert.

In hohen lichten Räumen und in einer großen unterirdischen Ausstellungshalle finden seit der aufwendigen Renovierung samt Erweiterung auch die Sammlungen graphischer Arbeiten – darunter Wim Crouwels Entwürfe für das Stedelijk –, internationale Pop Art, originelle Lichtinstallationen und eine einmalige Kollektion von Postern aus knapp 100 Jahren Platz. Die neue Direktorin, die Amerikanerin Anne Goldstein, will in dem seit 1895 bestehenden Kunstmuseum ein weltweit beachtetes Forum für kreative Strömungen etablieren.

Spektakulär soll der neue Eingangsbereich das Museum in Szene setzen, den die Amsterdamer schon lange vor seiner Vollendung »Badewanne« getauft haben: Der glänzend weiße Anbau, ein Entwurf des Architekturbüros Benthem Crouwel, soll 2012 vollendet werden – die Fassade wurde bereits im Dezember 2011 enthüllt. Sie besteht aus einem ultraleichten Material, das für den Flugzeugbau entwickelt wurde (Museumplein 10, Tel. 020/573 29 11, www.stedelijk.nl, Mo–Do 10–17 Uhr).

*Concertgebouw 11

Vom Stedelijk sind es nur wenige Schritte zur van Baerlestraat mit dem neoklassizistischen Concertgebouw, das Musik liebende Amsterdamer Bürger im 19. Jh. stifteten. Adolf Leonhard van Gendt schuf den 1888 feierlich eröffneten Musentempel. Im Eröffnungsjahr des Konzerthauses wurde auch das Koninklijke Concertgebouworkest gegründet. Mit seinen 120 Musikern gehört es zu den führenden Ensembles Europas. Der Konzertsaal mit den 2250 Plätzen wird wegen seiner ausgezeichneten Akustik von weltberühmten Dirigenten geschätzt. Im »Kleine Zaal« des Concertgebouw wird vor allem Kammermusik gespielt, doch es stehen auch Kin-

CoBrA-Museum Amstelveen

Die Werke der weltweit sehr bekannten niederländisch-belgisch-dänischen Künstlergruppe aus den späten 1940er-Jahren haben im CoBrA-Museum von Amstelveen einen architektonisch überaus passenden Rahmen erhalten. Karel Appel, Asger Jorn, Pierre Alechinsky u. a. verknüpften in ihren Werken Surrealismus, Expressionismus, informelle und abstrakte Kunst. Für einen Abstecher nach Amstelveen (ca. 16 km südöstlich) bietet sich ab Museumsplein die Tramlinie 5 an (Sandbergplein 1–3, 1181 ZX Amstelveen, Tel. 020/547 50 50, www.cobra-museum.nl, Di–So 11–17 Uhr).

Die neoklassizistische Fassade des Concertgebouw

derkonzerte, Weltmusik und Jazz auf dem Programm.

Die grandiose Akustik des Concertgebouw kann man bei den kostenlosen, etwa einstündigen Lunchkonzerten von September bis Mai jeweils mittwochs ab 12.30 Uhr genießen (Tel. 0900/ 671 83 45, www.concertgebouw.nl). Anders als bei den Abendveranstaltungen ist in der Mittagszeit die Kleiderordnung leger. Viele Berufstätige nutzen die musikalische Pause zur Entspannung, und manchmal weint ein Baby im Auditorium.

Wer nur dienstags Zeit für Musik hat: Von Oktober bis Juni bietet die **Stopera** › S.78 im Boekmanzaal dienstags um 12.30 Uhr ebenfalls Gratiskonzerte an.

De Pijp

Südöstlich an das Museumsquartier schließt sich ein typisches Amsterdamer Viertel an. De Pijp wirkt wie ein Dorf in der Stadt: Dicht an dicht drängen sich die Häuschen, doch vor jeder Tür blüht mindestens eine Sonnenblume. Kinder aller Hautfarben und Nationalitäten kurven mit ihren Rollern zwischen den Passanten hindurch; die Nachbarschaft ist kleinbürgerlich und multiethnisch. Man kennt sich und schreit sich lauthals den neusten Tratsch aus der Nachbarschaft zu, während man auf dem Straßenmarkt nach Schnäppchen stöbert. Wer einfach und exotisch essen will, ob kambodschanisch, assyrisch, kurdisch, indisch oder einfach nur spanisch: In einem der vielen kleinen Lokale rund um den Albert-Cuyp-Markt wird er mit Sicherheit fündig.

10 Albert-Cuyp-Markt 12

Schlagader des Viertels ist der Straßenmarkt in der Albert-Cuyp-Straat, ein Bazar für die Dinge des täglichen Lebens: XXL-Shampooflaschen, frische Yamswurzeln und Topinamburchips, hauchdünne indische Saristoffe, geklaute Mobiltelefone und fangfrischen Hollandse Nieuwe, jungen Hering, der traditionell in einem Stück verschlungen wird. Der 1,6 km lange Straßenmarkt findet täglich außer sonntags statt. Ab 16 Uhr bringen die Händler ihre frischen Waren zu Schleuderpreisen unters Volk.

Restaurants

- Im **De Pijp** ist die Tradition der Amsterdamer »eetcafés« noch lebendig: Schnell, preiswert und vor allem frisch orientiert sich ihr Angebot am kleinen Hunger zwischendurch. Er wird mit holländischen »bitterballen« aus Hackfleisch und Kartoffelbrei ebenso zuverlässig gestillt wie mit surinam-indisch-chinesisch-marokkanischer Fusionküche. Die »eetcafés« sind in der Regel von 10 bis etwa 22 Uhr geöffnet.

■ **Burgermeester** – die besten Hamburger der Stadt, mit frischen bunten Saucen und in fantasievollen Kombinationen sind die Spezialität dieser Hackfleischbraterei der Extraklasse **(Albert Cuypstraat 48, Tel. 0900/287 43 77,** tgl. 12–23 Uhr).●

■ Orientalische Opulenz in alten Kirchenmauern und nordafrikanische Spezialitäten in großen Portionen (auch vegetarische Gerichte) machen den **Wereldeethuis Bazar** zum beliebten Backpackertreff **(Albert Cuypstraat 182, Tel. 020/675 05 44,** Mo–Do 11–24, Fr 11–1, Sa 9–1, So 9–12 Uhr). ●

■ Ein nostalgisches Bonbon ist das **Chocoladeonderneming Esquinja,** wo nach alter Manier Schokoladenköstlichkeiten von Hand zubereitet werden. Neben den abenteuerlichsten Aromavarianten gibt es auch Kosmetik aus Kakaobutter sowie ausgewählte Fachliteratur zum Thema Kakao und Schokolade **(Gerard Doustraat 224,** Di 13–17, Mi–Sa 9.30–17 Uhr). ●

■ Im ehemaligen Brauereigebäude der traditionsreichen **Brouwerij Heineken** wird die Geschichte der Brauerei präsentiert. Zugänglich sind die Malzsilos, das alte Brauhaus und in den Ställen stehen die großen Shirehorses, die einst die Bierwägen durch die Stadt zogen. Doch die Hauptattraktion ist die futuristisch gestylte Bar, an der die Produkte des Hauses verkostet werden. Eintritt zu dieser Bar haben nur über 18-Jährige **(Stadhouderskade 78, Tel. 020/523 92 22, www.heineken experience.com,** tgl. 11–19 Uhr).

Sarphatipark 13

Der kleine Park im englischen Stil in der Nähe der Ceintuurbaan ist nach dem Arzt und Philanthropen Samuel Sarphati (1813–1866) benannt. Auf seinen verschlungenen Wegen finden erschöpfte Städtetouristen Erholung.

In der Sarphatistraat 53 zeigt das **Theaterinstitut** (TIN, Theater Instituut Nederland) wechselnde Schauen zum reichen niederländischen Theaterschaffen (www.theaterinstituut.nl).

Echt gut!

Grüne Oasen

■ Als grünes Wohnzimmer der Amsterdamer bietet der **Vondelpark** reizvolle Einblicke in das pralle Leben der Stadt › S. 107.

■ Blütenpracht und einen Urwald voller exotischer Gewächse bietet **»de hortus«,** der Botanische Garten. Seit 1638 wuchert dort ein Grün, an dem sich Gartenfreunde nicht satt sehen können › S. 117.

■ Der **Westerpark** liegt abseits der städtischen Hauptachsen; er wäre eine stille Idylle, würden nicht Hunderte von Sittichen in den Bäumen zwitschern › S. 103.

■ Eine stille Oase zwischen den Backsteinfassaden des Pijp ist der kleine **Sarphatipark** › S. 115.

■ Im **Amsterdamse Bos,** dem größten der 30 Stadtparks, kann man faulenzen, Kanus mieten oder im Besucherzentrum die interessante Entstehungsgeschichte kennen lernen (Van Nijenrodeweg, im Südwesten zwischen Amsterdam und Amstelveen).

Plantage-Viertel

Nicht verpassen!

- Eine Tasse Kaffee auf der tropisch überwucherten Terrasse der Orangerie im Hortus Botanicus genießen
- Vom Restaurant De Twee Cheetahs aus sowohl Zebras und Gnus als auch die historischen Speicher des Entrepotdok bewundern
- Die Bewohner der Salz- und Süßwasseraquarien im Artis bestaunen
- Eine Vorstellung des Tropentheaters im Tropenmuseum besuchen

 Karte Seite 119

Zur Orientierung

Im späten 17. Jh. entschied die Amsterdamer Stadtregierung, östlich des Zentrums ein Erholungsgebiet mit Gärten, Sommerhäusern, Lauben und kleinen Herbergen anzulegen, die »Plantage«. So modern wie pragmatisch und ganz untypisch für die Stadt legten die Stadtplaner die Straßen rechtwinklig an. Plantage, Muidergracht, Entrepotdok und Nieuwe Herengracht begrenzen das Gebiet, das heute eine begehrte Wohngegend mit viel Grün und schönen Häusern ist.

Zwischen dem Beginn der Plantage Middenlaan und ihrem Ende am Oosterpark lässt sich ein ganzer Tag im Grünen verbringen. Nebenbei gibt es viel zu entdecken: Im Hortus Botanicus kann man anhand von Kaffeepflanzen und Ölpalmen die Handelswege der Vereenigde Oost-Indische Compagnie nachvollziehen. Der Zoo Artis informiert über die Entwicklung des Tierlebens auf der Erde: vom Urknall im Planetarium über die Erdentwicklungsphasen im Geologischen Museum bis hin zum geheimen Unterwasserleben in einem Amsterdamer Kanal im Aquarium.

Unterwegs im Plantage-Viertel

Exotik und Tradition

– 6 – Hortus Botanicus › Artis › Tropenmuseum › Oosterpark › Museumswerf 't Kromhout › Verzetsmuseum

Dauer: 3 Std. (ohne Besuche im Zoo oder in den Museen), ca. 6 km.

Praktische Hinweise: Die Straßenbahnen 9 und 14 verkehren vom Hauptbahnhof aus zum Plantage-Viertel. Die Reederei Lovers bietet den Artis Zoo Express an, der in 20 Min. von der Centraal Station zum Artis-Zoo fährt. Auf dem Rückweg zum Hauptbahnhof kann man eine 35-minütige Rundfahrt durch die Grachten genießen (www.lovers.nl).

11 *Hortus Botanicus 1

An der Ecke zur Plantage Parklaan markieren zwei geflügelte Sphingen den Eingang des Wertheimparks, ein paar Meter weiter beginnt das Gelände des Botanischen Gartens. Ursprünglich war

Palmenhaus im Hortus Botanicus

»de Hortus« ein Garten für medizinische Kräuter, den der Amsterdamer Magistrat 1638 anlegen ließ, weil die Stadt gerade eine Pestepidemie überstanden hatte. Die Erforschung pflanzlicher Heilmittel sollte angeregt werden: Im Hortus wurden Doktoren und Apotheker in ihrer Zubereitung und Anwendung unterwiesen. Die Vereenigde Oost-Indische Compagnie verlieh dem Hortus seinen exotischen Charakter, denn sie bestückte ihn im 17. und 18. Jh. mit tropischen Pflanzen aus der Karibik, aus Indonesien, Japan und vom Malaiischen Archipel. Einige Gewächse stammen noch aus dieser Zeit, z.B. der 300 Jahre alte Palmfarn vom südafrikanischen Ostkap. Ebenfalls aus dem Hortus kamen die Kaffeepflanzen in Zentral- und Südamerika: Sie sind Abkömmlinge eines einzigen Coffea Arabica-Baumes, den die VOC aus Äthiopien nach Amsterdam brachte. Seine Früchte gelangten auf dem Handelsweg nach Amerika.

Welcher spektakuläre Exot neben den über 2000 einheimischen Bäumen und Pflanzen gerade in voller Blüte zu bewundern ist, erläutert ein Aushang an der Orangerie, einem ehemaligen Hörsaal aus dem Jahr 1875. Statt Wissen wird heute Kaffee ausgeschenkt: Die Orangerie gilt samt ihrer Terrasse als **einer der stimmungsvollsten Plätze zum Ausruhen in der Stadt** (Plantage Middenlaan 2a, Tel. 020/625 90 21, http://dehortus.nl, Mo–Fr 9–17, Sa, So 10–17, Dez., Jan. tgl. 10–16, Juli/Aug. tgl. 10–19 Uhr).

Echt gut!

Hotel

Rembrandt
Plantage Middenlaan 17
Tel. 020/627 27 14
www.hotelrembrandt.nl
Wer plüschige Antiquitäten und kleine Altbauzimmer mag, ist hier richtig. Im Rembrandt-Zimmer bewacht die monumentale »Nachtwache« als Wandtapete den Schlummer. ●●

Artis 2

Bestens präpariert mit neuen Erkenntnissen über die Flora in aller Welt kann man sich nun auf die Fauna im Natura Artis Magistra, kurz Artis, einlassen. 1838 als erster Tierpark Europas gegründet, ist der Artis inzwischen viel mehr als ein großer Zoo mit über 7000 Tieren aus allen Kontinenten: Er ist ein Garten des Wissens, der sich zusätzlich mit einem attraktiven Veranstaltungsprogramm um seine jungen und erwachsenen Besucher bemüht.

Im Tierpark tummeln sich Blattschneiderameisen und Seelöwen, Lemuren und vom Aussterben bedrohte Nashörner. Im Planetarium kann man sich mit Hilfe digitaler Projektionstechnik durch die Galaxien wirbeln lassen. Das angeschlossene **Geologische Museum** zeigt, wie sich die Erde in Jahrmillionen entwickelt hat. Im **Zoologischen Museum** 3 reiht

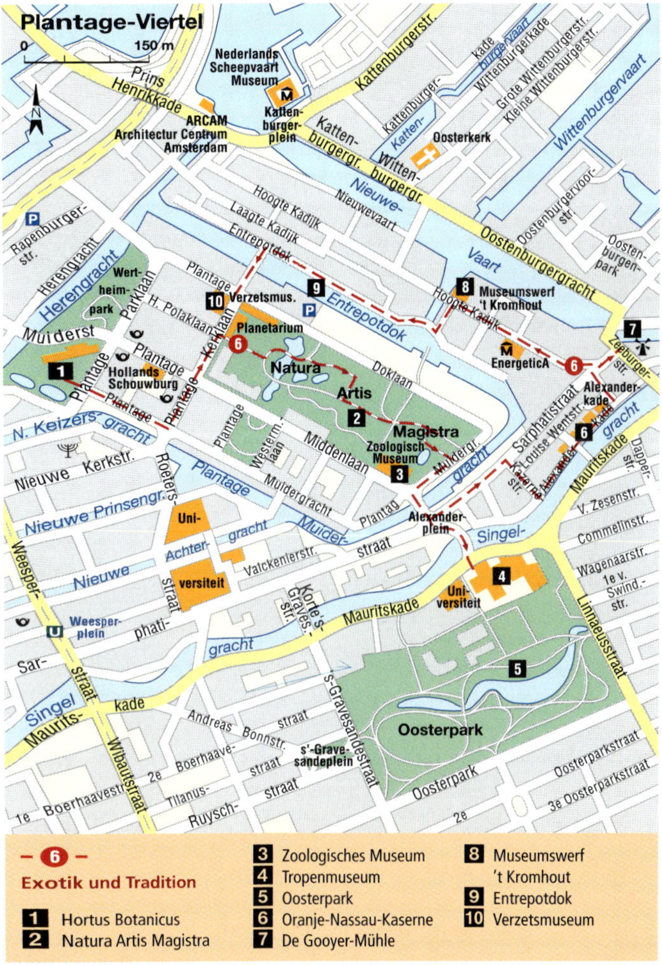

– 6 –
Exotik und Tradition

1 Hortus Botanicus
2 Natura Artis Magistra
3 Zoologisches Museum
4 Tropenmuseum
5 Oosterpark
6 Oranje-Nassau-Kaserne
7 De Gooyer-Mühle
8 Museumswerf 't Kromhout
9 Entrepotdok
10 Verzetsmuseum

sich Meter um Meter die wissenschaftlich fundierte Erkenntnis von Albatros bis Zebra in gut bestückten Regalen.

Experten loben die Artenvielfalt im **Aquarium** des Artis und im **Haus der nachtaktiven Tiere.** Auch wer sich nicht explizit für Fliegende Hunde, Erdhörnchen, syrische Braunbären oder die tropische Unterwasserwelt begeistert, kann sich der beeindruckenden Atmosphäre dieses tierreichen Landschaftsparks mit seinem gewachsenen Baumbestand kaum entziehen (Plantage Kerklaan 38–40, Tel. 0900/278 47 96, www.artis.nl, April–Okt. tgl. 9–18, Nov.–März 9–17 Uhr).

Restaurant

In der afrikanischen Savanne des Artis steht das hohe gläserne Restaurant **De Twee Cheetahs** (»Die Zwei Geparden«). Es wurde vom Amsterdamer Architektenbüro Onno Vlaanderen entworfen und aus überwiegend unbehandelten natürlichen Materialien gebaut. Durch die Panoramafenster des Restaurants kann man Zebras und Gnus beim Grasen in der Tierparksavanne beobachten. Das Restaurant ist für Zoobesucher täglich geöffnet (**Reservierungen möglich über info@artis-horeca.nl, Tel. 020/624 55 22**). ●

Auf der anderen Seite des Restaurants erblickt man die wiederbelebten, in Wohnungen umgewandelten, historischen Speicher des **Entrepotdok** – ein international viel beachtetes und gefeiertes Wohnbau-Projekt des Architekten Ab van Dien.

*Tropenmuseum 4

Exotische Exponate und ein engagiertes Rahmenprogramm zu den Kulturen der Welt machen den Reiz der nächsten Station aus: Im Tropenmuseum ist ein Teil dessen zu sehen, was die Kolonialherren in rund 200 Jahren aus den ehemaligen niederländischen Kolonien mitgebracht haben. Nach Erdteilen, Ländern und Themen sortiert, veranschaulichen die Exponate das Leben der Menschen in den Tropen und Subtropen in seiner ungeheuren Vielfalt. Man hört den Lärm einer Gasse in Kalkutta und sieht, wie ein arabisches Lehmhaus eingerichtet ist.

Eine Sonderschau ist der Bedeutung von Musik und Tanz in unterschiedlichen Kulturen gewidmet. Auf beeindruckende Weise präsentiert das Museum sakrale Gegenstände und Fetische der verschiedenen Naturreligionen Südostasiens. Neue Schwerpunkte sind die Migration sowie »Urban Islam«, eine Auseinandersetzung mit dem Lebensgefühl junger moslemischer Großstädter.

Interessant ist das Angebot des integrierten Kindermuseums. Echt gut! Themen wie die Abholzung der Tropenwälder werden hier – leider nur auf Niederländisch – in kindgerechten Workshops behandelt. Das **Tropentheater** bringt mit seinem thematisch breit gefächerten Programm Künstler aus aller Welt auf die Bühne: Kirgisische Fingerakrobatik auf fremdartigen Saiteninstrumenten oder Designerkleider aus Burundi? Es gibt unendlich viel zu sehen (Info

Das Denkmal »Der Schrei« für Theo van Gogh im Oosterpark

und Kartenvorverkauf im Uitburo oder Tel. 020/568 85 00).

Aufmerksamkeit verdient auch das Museumsgebäude: Der eklektizistische Bau entstand 1916–1923 nach Plänen des Architektenpaares van Nieukerken als Sitz des Koloniaal Instituut. Er ist mit Skulpturen, Reliefs und Schmiedearbeiten reich dekoriert (Linnaeusstraat 2, Tel. 020/568 82 00, www.tropenmuseum.nl, Di–So 10–17 Uhr, in den Ferien tgl.).

Restaurant

Beim »grenzeloos wereldbuffet« im Restaurant **Ekeko** des Tropenmuseums können sich Feinschmecker jeden Dienstag abends an Köstlichkeiten aus aller Welt erfreuen **(Reservierungen unter Tel. 020/568 83 92).** ●●

Oosterpark 5

Direkt hinter dem Tropenmuseum breitet sich der Oosterpark aus. Die islamischen Großfamilien, die sich auf den Wiesen zum Picknick treffen und von verschleierten Frauen verköstigt werden, leben im Viertel rund um den Park, viele davon illegal.

Architekturliebhaber sollten der Singelgracht weiter nach Osten folgen: An der Alexanderkade stehen fünf moderne Wohntürme eines internationalen Architektenteams auf dem Gelände der **Oranje-Nassau-Kaserne** 6. Das Gebäude mit der stilisierten Lotusblüte ist das Werk des japanischen Architekten Kouzi Yagi; das Haus mit dem Säulenkapitell auf dem Dach stammt vom Reißbrett eines griechischen Architekten.

Shopping

Als Alternative bietet sich ein Spaziergang über die Mauritskade zur **Dapperstraat** mit ihren bunten Marktständen an. Der **Dappermarkt** ist eine kleinere Variante des Albert-Cuyp-Markts. Im Sortiment gibt's kaum Unterschiede, die Kundschaft ist international, die Preise sind günstig. Es fehlt lediglich das Gedränge.

De Gooyer-Mühle 7

An der Schnittstelle der alten Stadt und ihrer hypermodernen Siedlung IJburg steht in der Funenkade 5 die letzte von ursprünglich fünf Windmühlen als Relikt aus der Vergangenheit. Die De Gooyer-Mühle stammt aus dem Jahr 1725.

Neben der alten Kornmühle lockt die kleine **Brouwerij ´t IJ,** deren Bierspezialitäten man direkt neben den Sudkesseln verkosten kann (Funenkade 7, tgl. 15–20 Uhr).

Museumswerf ´t Kromhout 8

Im Nautischen Quartier von Amsterdam, das sich zwischen Schreierstoren und Zeeburgerdijk erstreckt, findet sich unter den mächtigen, mehr als 100 Jahre alten Metalldächern an der Nieuwevaart eine der ältesten Werften der Stadt. In den Hallen sind u.a. historische Schiffsmaschinen und eine noch funktionierende Schiffsschmiede zu sehen (Hoogte Kadijk 147, Tel. 020/627 67 77, www.machinekamer.nl, Di 10–15 Uhr und nach Anmeldung).

Restaurants

■ Im Stil einer französischen Brasserie eingerichtet, ist das **Contra 73** eine zuverlässige Größe im feinen Plantageviertel. Auf der Tageskarte findet man originelle Menükombinationen mit frischen Meeresfrüchten, raffiniert gewürztem Gemüse und knackigen Salatkreationen (**Camperstraat 24–26, Tel. 020/694 99 30,** Mi–Mo 17 bis 22.30 Uhr). ●●

■ Beim **Paerz** liegt der Reiz in der zweimal wöchentlich wechselnden Speisekarte mit Schwerpunkt auf Fisch- und vegetarischen Gerichten. Neben dem Menü können Gäste Kunstausstellungen und gelegentliche Konzerte goutieren; im Sommer ist die Terrasse am Wasser dicht belagert (**Entrepotdok 64, Tel. 020/623 22 06,** Di–So 12–16, 18–22 Uhr). ●●

Wer sich nach Flora, Fauna und Schiffsbau auch noch über die Geschichte der Niederlande während ihrer Besatzung durch die Deutsche Reichsarmee informieren will, sollte über das **Entrepotdok** 9 zurück zur Plantage Keerklaan schlendern.

Verzetsmuseum 10

Dem Planetarium gegenüber dokumentiert das Widerstandsmuseum den Alltag der Niederländer zwischen Mai 1940 und Mai 1945 und ihren Widerstand gegen die Besatzer. Die Dauerausstellung wurde zur **besten historischen Ausstellung der Niederlande** gewählt. Mit seinen wechselnden Schauen zu Themen rund um den Zweiten Weltkrieg und als Ergänzung zum Anne-Frank-Huis ist dieses Museum ein Muss für historisch Interessierte (Tel. 020/620 25 35, www.verzetsmuseum.org, Di–Fr 10–17, Sa–Mo 11–17 Uhr).

Echt gut

Die Pythonbrug führt zu Frits van Dongens Komplex The Whale

12 Östliches Hafengebiet

Nicht verpassen!

- Auf der schwankenden Pythonbrücke das Spoorweg-Bassin überqueren
- Bei einer Architek-Tour interessante Details über zeitgenössisches Wohnen erfahren
- Auf der Terrasse des Lloyd Hotel spannende Gesprächspartner finden
- Im Hangar Loods 6 das A.H.O.I besuchen, ein Info-Zentrum zur Stadtentwicklung

Zur Orientierung

Anstrengend, aber lohnend ist die Tour durch das Archipel der wahr gewordenen Architektenträume. Die Wohn- und Bürokomplexe auf den künstlichen Inseln im östlichen Hafengebiet stammen von den Zeichentischen weltbekannter Architekturstars und kombinieren niederländischen Pragmatismus mit höchst eigenwilligen Form- und Materialspielereien. Ohne das Eingreifen der aktiven Amsterdamer Hausbesetzer-Szene jedoch wäre keines der neuen Apartments auf dem Wasser jemals Realität geworden.

Nachdem Indonesien sich im Niederländisch-Indonesischen Krieg (1945–49) die Unabhängigkeit erkämpft hatte, lag der Handel der Niederlande mit dem Osten und so auch der Amsterdamer Osthafen still. 1979 verließ als letzte die Königlich-Niederländische-Dampfschifffahrtsgesellschaft das nach ihr benannte KNSM-Eiland. Die leeren Piers und Lagerhäuser verfielen zusehends, das Lloyd-Hotel wurde als Jugendgefängnis umgenutzt, ein planloser Abriss setzte ein.

Doch Hausbesetzer, Künstler, Kreative erkannten das Potenzial der funktionalen alten Gebäude, besetzten sie, brachten die Inseln als Wohngebiet ins Gespräch und sorgten dafür, dass der Rat der Stadt nicht die Standardlösungen des sozialen Wohnungsbaus umsetzte – wie es leider beim alten Schlachthof bereits geschehen war –, sondern stattdessen namhafte, interessierte Architekten bat, ihre Ideen zu verwirklichen.

Bruno Alberts Barcelonahuis auf KNSM-Eiland

Unterwegs im Östlichen Hafen

Inselhüpfen futuristisch

– 7 – Muziekgebouw › BIM-huis › Passenger Terminal Amsterdam › Java-Eiland › KNSM-Eiland › Sporenburg/ The Whale › Pythonbrug › Borneo-Eiland

Dauer: 5–6 Std., ca. 10 km
Praktische Hinweise: Die Straßenbahnen 10 und 25 bzw. der Bus Nr. 43 fahren am IJhaven entlang bis zum KNSM-Eiland bzw. Zeeburg. Geführte Touren zu verschiedenen Aspekten des gigantischen Siedlungsprojekts dauern ca. 4 Std. Sie werden veranstaltet vom Architekturzentrum ARCAM (Tel. 020/ 620 48 78, www.arcam.nl) oder für Profi-Architekturfans von ArchEX (De Ruyterkade 128, Tel. 020/422 20 44).

Östlich der Centraal Station › S. 66, am IJhaven, liegt das Oostelijk Havengebied. Im 19. Jh. schüttete man hier künstliche Inseln auf und schuf damit Platz für Piers, Schlachthof, Viehmarkt und Lagerhäuser für die Waren aus den Kolonien im Fernen Osten. Heute bietet das runderneuerte Viertel zwischen Eisenbahntrasse und IJhaven Platz für junge Amsterdamer, die in fünf Minuten mit dem Fahrrad an ihrem Arbeitsplatz sein wollen: Die Wohnungen im **Archipel** sind begehrt. Jeden Monat eröffnen zudem neue Boutiquen und Restaurants, schließlich wollen die Bewohner und Besucher mehr als nur Fassaden bewundern.

An den modernen Klangtempeln des **Muziekgebouw aan ́t IJ** › S. 41 und des **BIMhuis** › S. 41 vorbei erreicht man die geschwungene Glasfront des **Passenger Terminal Amsterdam (PTA)** **1** und den 90 m hohen IJ-Tower. Von der Plattform auf dem Dach des 24 m hohen Passagierterminals, an dem jährlich über 100 Kreuzfahrtschiffe anlegen, hat man einen großartigen Blick über den Hafen.

Restaurant

Fifteen heißt das In-Restaurant des Küchenentertainers Jamie Oliver im Pakhuis Amsterdam. Am Herd und im Service werden Jugendliche mit schwieriger Vergangenheit ausgebildet. Mittags kann man auf der Terrasse auch leckere Salate aus der Fusionküche des Meisters bekommen **(Jollemanhof 9, Tel. 020/509 50 15,** tgl. 12–15 und 17.30–1 Uhr). ●●

Java-Eiland

In elegantem Schwung führt die **Jan Schaeferbrug** hinüber zum Java-Eiland, wo an künstlichen Kanälen moderne Versionen des Amsterdamer Grachtenhauses stehen.

Alle 27 m hat ein anderer Architekt die Straßenzüge gestaltet, eine bunte, variantenreiche Fassadenlandschaft entstand. Die Menschen leben auch hier eng aufeinander, denn die Häuser sind jeweils nur 4,5 m breit. In den grünen Innenhöfen können Kinder ungestört spielen. Neun originelle Stahlbrücken verbinden die Wohnquartiere, die sich nach Osten zum Azartplein hin öffnen, dem Übergang zur KNSM-Insel.

KNSM-Eiland

Dort, wo einst die Dampfschiffe der Koninklijke Nederlandse Stoomboot Maatschappij nach England und Amerika ablegten, entstanden unter der Federführung des Architekten Jo Coenen über 3000 Wohneinheiten mit Blick aufs Wasser.
Diese kompakten Blocks unterbrechen die beiden Halbkreise des Apartmentkomplexes **Barcelonahuis** **2** des belgischen Architekten Bruno Albert sowie die riesige versteinerte Welle des **Piräusbaus** **3** der Architekten Hans Kollhoff und Christian Rapp aus Berlin.

Im alten Hangar **Loods 6** **4** informiert das Zentrum A.H.O.I kenntnisreich über die Geschichte, die Architektur und die Stadtentwicklung des Oostelijk Havengebied (www.loods6.nl).

Café

Im Kanis & Meiland sorgen Schiffsmodelle und Seekarten zwischen Grünpflanzen und Clubsesseln für maritimes

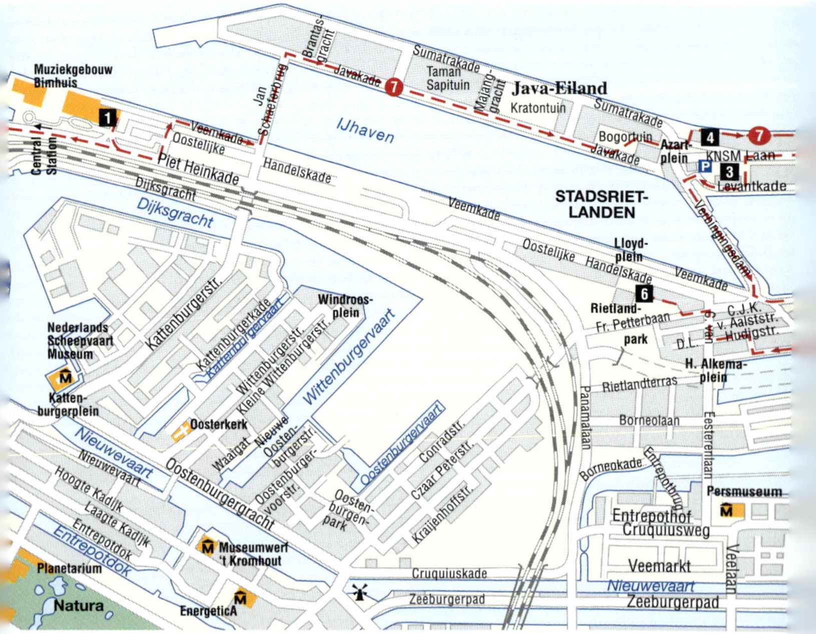

Flair und ein Billardtisch für entspannten Zeitvertreib. (**Levantkade 127, Tel. 020/418 24 39**). ●

Shopping

Loods 6 ist eine wichtige Adresse für Design-Shopper (**KSNMlaan 39–41 und 291–301**). **Sissy-Boy** bietet neben bunter, modischer Kleidung auch Kaffee, Kuchen, Suppen und belegte brodjes (**KSNMlaan 19**).

Sporenburg

Wie ein gestrandeter Wal liegt die silbern glänzende Hülle von van Dongens ***The Whale** **5** am Baron G.A. Tindalplein. Der Wohnblock ist das Wahrzeichen der Insel Sporenburg, auf der noch einige Brachflächen für finanzstarke Investoren bereit stehen. In

Moderne Grachtenhäuser

starkem Kontrast zu den opulenten Bauten schaukeln immer noch Hausboote im Wasser.

Wer das Spoorwegbassin auf den **stählernen Wellen der Pythonbrug** überquert, sollte schwindelfrei sein. Die rot lackierte Schlangenbrücke des Rotterdamer Büros West 8 gewann bereits mehrere internationale Preise. **Echt gut!**

Borneo-Eiland

Auf Borneo ließ sich das Büro West 8 von der geschlossenen Front alter Lagerhäuser inspirie-

- 7 -

Inselhüpfen futuristisch

- **1** PTA
- **2** Barcelonahuis
- **3** Piräusbau
- **4** Loods 6
- **5** The Whale
- **6** Lloyd Hotel

ren, versah die Gebäude jedoch mit luftigen Patios.

In der Scheepstimmermanstraat im Osten Borneos scheinen die Häuser in die Gracht zu stürzen. Sie sind »aus der Flucht gebaut« wie die alten Amsterdamer Grachtenhäuser › S. 41. Ein weiterer architektonischer Glanzpunkt mit großer Vergangenheit und viel versprechender Zukunft ist das **Lloyd Hotel** **6**. Einst Treffpunkt der Auswanderer und danach Jugendgefängnis, fungiert es heute als Hotel und Treffpunkt für Weltenbummler.

Seit Kurzem steht neben dem Kaufhaus Braziliё ein moderner Pavillon auf dem aufgehübschten **Lloydplein,** der sich zur beliebten Eventlocation im Archipel entwickelt hat: Messen, Festivals, ein schwimmender Hausbootmarkt und Straßenkünstler sorgen für Abwechslung.

Hotel

Lloyd Hotel
Oostelijke Handelskade 34
Tel. 020/561 36 36
www.lloydhotel.com
Zimmer in fünf Kategorien und von Nachwuchsdesignern kreierte Räume.
●–●●●

Der Keukenhof – ein Blumenmeer

Bauen ohne Grenzen

Bezahlbar müssen sie sein, aber auch hell, luftig und originell, denn Amsterdamer mögen keine uniformen Wohnungen. Dieses Votum führt seit 400 Jahren immer wieder zu spektakulären Bauprojekten: Zu großartigen Herrenhäusern im Grachtengürtel, zu den verschachtelten Quartieren im Jordaan, zu den fantasievollen Wohnblöcken der Amsterdamer Schule, zum Stahlbetonghetto von Bijlmermeer sowie zu den weltweit bewunderten Siedlungsgebieten im Archipel des östlichen Hafengebiets.

Witzige Details adeln die fünf auffälligen Wohntürme auf dem Gelände der ehemaligen Oranje-Nassau-Kaserne; in den Lagerhäusern des Entrepotdok sind einfallsreiche Sozial- und Eigentumswohnungen entstanden; im östlichen Hafenbecken am Ufer des IJ wachsen zwischen aufpolierten Lagerhallen und runderneuerten Industriebauten futuristische Wohnkomplexe in den Himmel. Auf der KNSM-Insel und in Sporenburg zeigen Monumentalbauten die neue Dimension des Wohnens im dritten Jahrtausend: Der Piräuskomplex und The Whale sind Glanzpunkte der Stadtentwicklung. Die Fachwelt ist begeistert, die Mieter in der schönen neuen Wohnwelt genießen den freien Blick auf das IJ und klagen über zu kleine Briefschlitze.

Innovative Entwürfe für eine bessere Wohn-, Arbeits- und Lebenswelt wurden auch im Projekt Living Tomorrow umgesetzt, einer architektonischen Zukunftsstudie, die aus zwei silbernen Röhren mit modernster Hightech-Ausstattung besteht. Das Konstrukt von Ben van Berkel am Rande des Amsterdamer Problemviertels Bijlmermeer ist derzeit nur von außen zu besichtigen.

Ausflüge

Nicht verpassen!

- Aalsmeer und Keukenhof
- Radtour ins Waterland
- Große Kunst in Haarlem
- An die Nordseeküste

Aalsmeer und Keukenhof

Amsterdam › Aalsmeer › Keukenhof

Dauer: 1 Tag, 80 km
Praktische Hinweise: Privatfahrzeug oder organisierter Ausflug ab Dam; komplizierte Verbindungen mit dem ÖPNV. Ab Leidseplein und Flughafen Schiphol pendelt während der Blütensaison der Keukenhof-Express. Tickets dafür sind in den Tourist-Informationsbüros erhältlich. Für die Blumenauktion in Aalsmeer muss man früh aufstehen. Sie beginnt um 7 Uhr morgens. Der Keukenhof ist vom 22. März bis 20. Mai tgl. 8–19.30 Uhr geöffnet.

Tulpen waren im 17. Jh. das Verhängnis manch eines Spekulanten. Heute sind sie der Grund für einen Ausflug in die Bollenstreek, das blühende Dreieck zwischen Sassenheim, Hillegom und Lisse im Südwesten von Amsterdam.

Das Zentrum des floralen Geschäfts liegt in **Aalsmeer** **1**, Europas größtem Handelsplatz für Blumen und Grünpflanzen. Rund 3500 Züchter der Verenigde Bloemenveilingen Aalsmeer wetteifern allmorgendlich in der größten Auktionshalle der Welt um die besten Preise – für Besucher ein einmaliges Spektakel (Legmeerdijk 313; Mo–Fr 7–11 Uhr). Wer noch mehr Blumen sehen möchte, erkundet den Historischen Garten (ab 10 Uhr).

Mitten im blühenden Dreieck hinter den Nordseedünen liegt der ***Keukenhof** **2**. Das 28 ha große Gelände in der Nähe der Blumenzwiebelstadt Lisse ist seit 1949 das Blütenparadies schlechthin und ein beliebtes Ausflugsziel. Im Park und auf den Feldern blühen von Mitte März bis Mitte Mai etwa 720 verschiedene Tulpenarten, dazu Millionen anderer Schnittblumen. Alljährlich stecken die Gärtner im Keukenhof etwa 7 Mio. Blumenzwiebeln, pflanzen riesige Blütenmosaike und prachtvolle Ornamente. In Glashäusern bei Themenschauen sowie im Prinz Willem-Alexander-Pavillon kann man neu gezüchtete Sorten bewundern und eine Show über die Kunst des Blumensteckens besuchen (Nationale Blumenausstellung Keukenhof, Stationsweg 166a, 2161 AM Lisse, Tel. 0252/46 55 55, www.keukenhof.nl).

Höhepunkt des blühenden Überschwangs ist der große Blumenkorso mit aufwendig gestalteten Prunkwagen, der am letzten Samstag im April von Noordwijk nach Haarlem führt. Blumenfreunde aus aller Welt flankieren die 40 km lange Strecke (www.bloemencorso-bollenstreek.nl).

Radtour ins Waterland

Amsterdam Noord › Landsmeer › Zaanse Schans › Purmerend › Edam › Volendam › Monnickendam › Broek in Waterland › Amsterdam

Dauer: 1 Tag, 55 km
Praktische Hinweise: Ein Ausflug per Fahrrad (Leihmöglichkeiten › S. 28) oder mit dem Auto. Die Fahrradwege durch die Polderlandschaft sind vorbildlich ausgeschildert. Mit Gegenwind ist zu rechnen. Im Touristeninformationszentrum kann man auch eine organisierte Halbtagestour zu den Fischerdörfern buchen (ab 30 €).

Dörfliche Idyllen, alte Mühlen, flämische Backsteinarchitektur und viel frischer Wind erwarten Ausflügler im flachen Waterland zwischen dem Fluss Zaan und dem IJsselmeer.

Mit der IJveer, der IJ-Fähre, die im 5-Minuten-Takt hinter der Centraal Station ablegt, setzt man über zum Buiksloterweg. Dort ist der Fahrradweg in Richtung Landsmeer markiert. Der erste Abschnitt der Tour führt durch ein Gewirr von Wohnstraßen, Autobahnunterführungen und Baustellen. Zwischen den schmucken Klinkerfassaden von Landsmeer biegt die Route nach links ab in Richtung Zaanstad. Auf den folgenden Kilometern reiht sich in dichter Folge ein Idyll ans nächste.

Zaandam **3** war im 17. Jh. ein berühmtes Handwerkszentrum. Der junge Russe Peter Michaelof war einer unter vielen ausländischen Lehrlingen, die dort das Zimmererhandwerk und den Schiffsbau erlernen wollten. Seine Lehre nahm ein Ende, als der Herzog von Marlborough das Inkognito lüftete: Zar Peter der Große hatte sich als Lehrling verdingt. Sein Häuschen, das Csaar Peter Huisje, steht in **Zaanstad** **4** in der Gasse Krimp 23. Seit 1911 erinnert ein Denkmal auf dem Marktplatz an den fleißigen Herrscher, dessen Lehrzeit den Komponisten Albert Lortzing zur komischen Oper »Zar und Zimmermann« inspirierte.

**Zaanse Schans Museum 5

Ein Besuch des Freilichtmuseums führt auf den Kalveringdijk, wo am Ufer der Zaan grün-weiß gestrichene Holzhäuser und Mühlen aus dem 17. Jh. zu einem malerischen Ensemble mit eigenem Dorfladen, einer Käserei und der Werkstatt eines Holzschuhschnitzers zusammengestellt wurden. Sehenswert ist aber auch die Ölmühle De Zocker aus dem Jahr 1673 (Schansend 7, Zaandam, Tel. 075/681 00 00; www.zaanse schans.nl, tgl. 9–17 Uhr).

Freilichtmuseum Zaanse Schans

Purmerend 6

Wer sich den Abstecher nach Zaanstad und somit etwa 10 km Weg sparen will, hält sich hinter Oostzaan beim Bauernhof De Heul rechts und radelt weiter am Naherholungsgebiet Twiske vorbei nach Purmerend, einer typischen holländischen Kleinstadt. Am Kaasmarkt 16 kann man das **Museum Waterland** mit interessanten Exponaten zur Regionalgeschichte besichtigen (Tel. 0299/ 42 26 05, www.museumwaterland.nl, Di–So 12–17 Uhr).

**Edam 7

Danach ist eine Verschnaufpause in der »Perle an der Zuiderzee« angesagt. Flämische Backsteinarchitektur beherrscht das Zentrum von Edam. Auf dem Damplatz steht das **Rathaus** mit dem Stadtmuseum. Sehenswert sind die spätgotische **Grote Kerk** mit ihren beeindruckenden Buntglasfenstern aus der Zeit um 1600 und der **Speeltoren** mit seinem Glockenspiel. Von den rund 30 Werften, auf denen vom 13. bis 18. Jh. Schiffe für die niederländische Kriegs- und Handelsflotte gebaut wurden, ist keine erhalten.

**Volendam 8

Turbulent geht es in den Gassen und auf den Zugbrücken des nur 4 km entfernten malerischen Städtchens zu. Das ehemalige Fischerdorf ist mit seiner unübersehbaren **Windmühle** ein Touristenziel. Frauen in Flügelhauben

Am Markermeer müssen Radler gegen den Seewind ankämpfen

stehen an den Souvenirständen auf der **Promenade,** Netze sind auf Fischerboote drapiert und kostümierte Fischer schlurfen über das Pflaster.

**Monnickendam 9

Wer eine nordholländische Kleinstadt in relativer Ruhe erleben will, muss 8 km am Deich des Markermeers entlang in die Pedale treten. In Monnickendam hat sich der Zauber eines uralten Städtchens erhalten, auch wenn im Hafen die modernen Jachten der Amsterdamer Schickeria liegen. Der Ort ist einer der ältesten der Niederlande. Seine Aalräuchereien und der Heringshandel sind seit Jahrhunderten dokumentiert. Die mittelalterlich verwinkelten Gassen und die Giebelhäuser mit den schmucken Fassaden laden zu einem gemütlichen Spaziergang durch das 16. und 17. Jh. ein.

*Broek in Waterland 10

Aus der Backsteinidylle führt nun ein Radweg über Ziderwoude durch plattes, grünes Land zuerst nach Broek in Waterland mit seinen romantischen Holzhäuschen und weiß lackierten Zugbrücken.

Wer das rund um den Teich t' Havenrak angelegte **schmucke Dorf vom Wasser aus erkunden** will, kann bei Kano & Electroboot Waterland (Tel. 020/403 32 09) ein robustes Paddelboot leihen.

Echt gut!

Nach einem Bummel durch das Dorf, dessen grün-weiß gestrichene Häuschen typisch sind für die alten Dörfer im Waterland, nähert sich der Radfahrer wieder der Skyline von Amsterdam. Im Südosten zeichnet sich die Silhouette des nie vollendeten Kirchturms von Randsdorp aus dem Jahr 1524 ab. Zum Schluss geht es parallel zu Autobahnzubringern durch Neubausiedlungen zurück zum Fähranleger.

Karte Seite 132

Info

- **VVV Edam**
Damplein 1
1135 ZJ Edam
Tel. 0299/31 51 25
www.vvv-edam.nl
- **VVV Volendam**
Zeestraat 37
1131 ZD Volendam
Tel. 0299/36 37 47
www.vvv-volendam.nl

Große Kunst in Haarlem 11

St. Bavo › Rathaus › Kunsthallen › Teylers Museum

Dauer: 1 Tag, ca. 26 km
Praktische Hinweise: Da die Radstrecke nach Haarlem parallel zu viel befahrenen Straßen führt, empfiehlt sich die Anreise per Bahn. Ab Centraal Station fahren Züge im Halbstunden-Takt. Eine Daagkart erhält man an den Automaten in der Bahnhofshalle.

Selbstbewusst und gastfreundlich präsentiert sich die Geburtsstadt des Malers Frans Hals, des Schriftstellers Harry Mulisch, des Cellisten Pieter Wispelwey und anderer weltberühmter Niederländer mit ihrem Zentrum rund um den Grote Markt und die gewaltige St.-Bavo-Kerk.

St.-Bavo-Kerk

Nach dem großen Stadtbrand 1370 begann man mit ihrem Bau. 170 Jahre später war die spätgotische Kreuzbasilika mit ihrem 80 m hohen Vierungsturm vollendet. Der Eingang südlich des Chores versteckt sich zwischen den vielen Anbauten.

Im Kircheninneren glänzt über dem Hauptschiff eine kunstvoll gearbeitete Zedernholzdecke; prächtige Malereien zieren die Gewölbebögen; das Chorgestühl und der Lettner stellen meisterliche Arbeiten aus dem frühen 16. Jh. dar. Berühmt sind die Konzerte auf der Orgel von Christian Müller (1735), auf der u.a. auch Händel und Mozart gespielt haben (Grote Markt 22, www.bavo.nl, Mo–Sa 10–16 Uhr; häufig kostenlose Orgelkonzerte).

Kunsthallen

Gegen den sakralen Prachtbau von St.-Bravo kann das Rathaus auf der Gegenseite des Grote Markt nur mit Mühe bestehen. Seit 1460 bildet sein schlanker Turm das Wahrzeichen der Stadt, die der Stammsitz der Grafen von Holland war und stolz ist auf ihre Geschichte als Handels- und Kunstzentrum. Dieser Tradition treu haben die Stadtväter in der reich verzierten Vleeshal (Fleischhalle) aus dem 17. Jh. ein Museum für Moderne Kunst eingerichtet: **De Hallen** (Grote Markt 16, www.dehallen.nl, Di–Sa 11–17, So 12–17 Uhr).

Nachwuchstalente haben nebenan im Galeriemuseum **De Vishal** (Fischhalle) Gelegenheit, ihre Werke einem kundigen Publikum zu präsentieren (Grote Markt 20, www.devishal.nl, Di–Sa 11–17, So 13–17 Uhr).

Karte Seite 132

Museen

Das **Teylers Museum** ist eine Stiftung des reichen Haarlemer Seidenfabrikanten Pieter Teyler van der Hulst. Seit 1784 wächst diese älteste Sammlung der Niederlande, die in einem ehemaligen Bankgebäude am Spaarne untergebracht ist. Ihre Schätze werden in Wechselausstellungen präsentiert (Spaarne 6, Tel. 023/516 09 60, www.teylersmuseum.eu, Di–Sa 10–17, So 12–17 Uhr).

Im **Frans-Hals-Museum** sind neben Werken des aus Haarlem stammenden Meisters des 17. Jhs. auch Arbeiten weniger bekannter Wegbereiter der flämischen Malerei ausgestellt. Die bedeutende Sammlung ist im ehemaligen Altmännerhaus untergebracht (Groot Heiligland 62, Tel. 023/511 57 75, www.franshalsmuseum.nl, Di–Sa 11–17, So 12–17 Uhr).

Nach dem Kunstgenuss lohnt ein Streifzug durch die liebevoll mit Pflanzen geschmückten Gassen der Altstadt wie z.B. die Korte Houtstraat an der Nieuwe Kerk.

Restaurants

■ Die **Juffrouw zonder Zorgen** ist eine Mischung aus Bio-Restaurant, Galerie und Lesesaal, wo leckere Säfte, Suppen oder broodjes serviert werden (**Grote Houtstraat 142a, Tel. 023/531 06 07,** Mo–Sa 10–18, So 11–17 Uhr). ●

■ Eine Institution für Asienfreunde ist **De Lachende Javaan.** Neben der würzigen »Rijstafel« stehen auch weniger bekannte köstliche Rezepte aus dem Gewürzreich Indonesien auf der Karte (**Frankestraat 27, Tel. 023/532 87 92,** Di–So 17–22 Uhr). ●–●●

Info

VVV Haarlem
Verwulft 11
2011 GJ Haarlem
Tel. 0900/616 16 00
www.haarlemmarketing.nl

An die Nordseeküste

Amsterdam › Wijk aan Zee › IJmuiden › Zaandvoort

Dauer: 1–2 Tage, 50 km
Praktische Hinweise: Im 30-Minuten-Takt verbindet ein IC Amsterdam mit Wijk aan Zee und Zandvoort. Für die Besichtigung der Schleusen bei IJmuiden braucht man jedoch ein Fahrzeug oder Leihräder. Im Sommer sind Hunde an den Stränden verboten.

Endlose Strände, eine bezaubernde Polder- und Dünenlandschaft sowie ausgefeilte Technik sprechen für den Abstecher an die Küste. In einer halben Stunde sind die Amsterdamer am Meer. Kein Wunder also, dass es in **Wijk aan Zee** 12 und **Bloemendaal** 13 vor allem während der Ferien und an Wochenenden richtig voll wird. Unter der Woche jedoch kann man ruhige Strandspaziergänge unternehmen, in den Dünen faulenzen und an den Buden Krabbenbrötchen essen.

Von Mai bis September ist das **Freilufttheater in den Dünen** ein interessanter kultureller Treffpunkt am Nordseestrand (Openluchttheater Caprera, Tel. 023/

Echt gut!

Kleiner Leuchtturm von IJmuiden

525 00 50, www.openluchttheater bloemendaal.nl).

Seehafen IJmuiden 14

Ein kühnes Projekt bescherte Amsterdam den direkten Zugang zur Nordsee: 1876 ließ König Willem der Erste zur Förderung des Seehandels eine Sandbank zwischen der Stadt und der Nordsee durchstechen und den Noordzeekanal betonieren. Schleusen sollten das Binnenland vor Überschwemmungen schützen. Als Königin Wilhelmina 1930 die Schleusenanlage von IJmuiden einweihte, war diese die größte der Welt. Heute wacht ein roter Leuchtturm über den Komplex der Zuidersluizen, die sich computergesteuert öffnen und schließen, um Ozeanriesen, Küstenfischer und Versorgungsboote für die Offshore-Bohrtürme passieren zu lassen. Vom IJhaven aus kann man den kniffeligen Manövern zusehen, mit denen die Kapitäne ihre riesigen Schiffe durch die schmalen Passagen lenken.

Hotel

Augusta
Oranjestraat 98
1975 DD IJmuiden
Tel. 0255/51 42 17
www.augusta.nl
Seit 100 Jahren mischt das Jugendstilhaus Seefahrerromantik und bürgerliche Eleganz. Schummriges Licht und altmodische Tapeten sorgen für nostalgischen Charme in der »Herenkamer«, im Salon Café und im Restaurant. ●●

Zandvoort 15

Werden im Circuit Park von Zandvoort Rennen gefahren, gehen die Nordseewellen im Lärm der Boliden unter. Lärmbelästigung einerseits, der Profit aus dem Rennbetrieb andererseits sind sehr umstrittene Themen im Badeort, denn Hunderttausende von Motorsportfans nutzen seine Infrastruktur. Noch bis 2013 sollen die Autosportspektakel zwischen den Dünen stattfinden.

Spektakulär sind auch die Rennen der Kitesurfer, die am 9 km langen Sandstrand von Zandvoort ideale Bedingungen vorfinden.

Restaurants

Zum Abhängen trifft man sich in Strandbars wie **Havana aan Zee** (**Boulevard Paulus Loot 1c**, Mitte Febr.–Anf. Okt. tgl. 8.30–24 Uhr) oder **Mango's** (**Boulevard Barnaart 15**, Mitte Febr.–Anf. Okt. tgl. 10–24 Uhr).

Infos von A–Z

Ärztliche Versorgung

Zwischen den Niederlanden und Deutschland sowie Österreich gibt es Abkommen über die gegenseitige Anerkennung der gesetzlichen Krankenversicherung. Privat Versicherte und Schweizer sollten vor der Reise ihren Versicherungsschutz prüfen. Ratsam ist der Abschluss einer Auslandskrankenversicherung, die auch den Rücktransport einschließt, sobald er sinnvoll und medizinisch vertretbar ist.

Im Notfall bieten in Amsterdam folgende Stellen erste Hilfe:

- **Landesweiter Notruf:** (Polizei, Feuerwehr, Ambulanz): Tel. 112
- **Wasserschutzpolizei:** Tel. 09 00/88 44

Behinderte

Alle großen Museen sowie die meisten öffentlichen Einrichtungen verfügen über Rampen für Rollstuhlfahrer, Aufzüge und ähnliche Hilfen. Hotels mit entsprechenden Einrichtungen sind in den Prospekten des Tourist & Convention Office gekennzeichnet. Jedoch sind nicht alle Straßenbahnen und Stadtbusse für Rollstuhlfahrer geeignet. Auskünfte hinsichtlich geeigneter Restaurants oder bequemer Boote etc. erteilt das Amsterdam Tourist Office.

Auf Niederländisch ist die Broschüre »Reiswijzer voor gehandicapten« des ANWB erschienen, die man bei der Stichting Informatievoorziening Gehandicapten Nederland (Zakkendragershof 34–44, Postbus 70, 3500 AB Utrecht) erhält. Auf Englisch informiert »Accessible Amsterdam« detailliert über den barrierefreien Zugang zu Restaurants und Cafés, Theatern, Kinos, Museen, Galerien und anderen Sehenswürdigkeiten sowie deren Erreichbarkeit.

Diplomatische Vertretungen

- **Deutsches Generalkonsulat:** Honthorststraat 36/38, 1071 DG Amsterdam, Tel. 020/574 77 00, www.den-haag.diplo.de
- **Österreichisches Honorargeneralkonsulat:** c/o Fresacher Advocaten, Officia 1, De Boelelaan 7, 1083 HJ Amsterdam, Tel. 020/471 24 38, mail@oehgk.nl
- **Schweizerische Botschaft Den Haag:** Lange Voorhout 42, 2514 EE Den Haag, Tel. 070/364 28 31, hay.vertretung@eda.admin.ch.

Einreise

Schweizer benötigen zur Einreise die Identitätskarte oder den Reisepass; EU-Bürger sollten sich jederzeit ausweisen können. Haustiere dürfen nur mit dem EU-Heimtierpass und Tätowierung oder Mikrochip einreisen.

Feiertage

Neujahr, Karfreitag, Ostersonntag und -montag, Koninginnedag (30. April), Befreiungstag (5. Mai), Christi Himmelfahrt, Pfingstsonntag und -montag sowie Weihnachten.

Geld und Währung

In den Niederlanden zahlt man mit Euro. Kreditkarten werden fast überall

Urlaubskasse	
Tasse Kaffee	2,50 €
Softdrink	2,50 €
Glas Bier 0,2 l	2,20 €
1 Stokbroodje (Sandwich)	4,50 €
Kugel Eis	1,20 €
1 Taxifahrt (Kurzstrecke)	14,50 €
Mietwagen/Tag	ab 50 €

akzeptiert. Die meisten Banken verfügen über Geldautomaten.

1- und 2-Centmünzen erhält man nicht, an den Supermarktkassen wird auf 5 Cent auf- oder abgerundet.

Information

■ **Deutschland, Österreich, Schweiz:** Niederländisches Büro für Tourismus (NBT), Postfach 27 05 80, 50511 Köln, Tel. (+49) (0) 221/92 57 17-0; Fax (+49) (0) 221/92 57 17 37.

■ **Amsterdam Tourism & Convention Board (ATCB):** Die Mitarbeiter des ATCB (Mitglied des niederländischen Fremdenverkehrsvereins VVV) helfen gegen eine geringe Gebühr bei der Suche nach Unterkünften und beim Kauf von Tickets für die öffentlichen Verkehrsmittel (Tel. 020/201 88 00 und 09 00/400 40 40 in den Niederlanden, 0,40 €/Min.).

■ **VVV Stationsplein** Gleis 2 b, Di–Sa 8.45–17 Uhr

■ **VVV Stationsplein (KCS),** Stationsplein 10, tgl. 9–18 Uhr

■ **VVV Leidseplein,** Stadhouderskade, tgl. 10–19.30, So 12–19.30 Uhr

■ **VVV Airport Schiphol,** Ankunftshalle 2, ganzjährig tgl. 7–22 Uhr. Informationen unter Tel. 00 31/(0)20/551 25 25 bzw. 09 00/400 40 40

■ **Amsterdam Tourist Office,** Postbus 3901, 1001 AS Amsterdam, info@atcb.nl

■ **Amsterdam Tourist Assistance Service (ATAS),** Tel. 020/625 32 46, tgl. 8–20 Uhr

■ www.iamsterdam.nl, www.niederlande.de

Öffnungszeiten

Geschäfte: Geschäfte, Supermärkte und Kaufhäuser haben in der Regel von 9–18/19 Uhr geöffnet, Do bis 21 Uhr, Sa bis 17 Uhr und in der Innenstadt auch So 12–17 Uhr; Montagvormittags sind viele Geschäfte geschlossen.

Lokale: Restaurants schließen normalerweise um 23 Uhr, Kneipen und Gasthäuser sind ca. bis 1 Uhr geöffnet, Nachtlokale von 20–5 Uhr.

Museen: Einige sind montags geschlossen. Während der Hauptsaison (Juni–Aug.) gelten teilweise längere Öffnungszeiten.

Post: Hauptpost, Singel 250–252, Mo–Fr 8.30–18, Sa 9–15 Uhr. Postämter erkennt man am Kürzel PTT.

Parken

Neben den Hotelparkplätzen gibt es bewachte Parkplätze nahe dem Rijksmuseum am Singel sowie Großparkhäuser beim Kaufhaus Bijenkorf am Damrak, am Leidseplein (Byzantinum), an der Prins Hendrikkade, am Waterlooplein, in der Marnixstraat 250.

Einige Hotels bieten ihren Gästen Drei-Tages-Parkscheine an. Die Tarife sind von der Parkzone abhängig. Es gibt vier Arten von Tickets.

Tageskarten für Parkhäuser verkaufen die Zahlstellen der **Parkeerbeheer** in der Bakkersstraat 13 (Mo–Fr 8–23, So 12–23 Uhr), am Nieuwezijds Kolk (durchgehend geöffnet), in der Kinkerstraat 17 (Mo–Sa 8–23 Uhr) und an der Cruquiuskade 25 (Tel. 020/555 98 33; durchgehend geöffnet). Am Stadtrand können Autos mehrere Tage auf den P+R-Plätzen abgestellt werden; gut ist die Metro-Anbindung vom Transferium an der Ajax Arena.

Ist der Wagen mit einer Radkralle blockiert, muss man ihn bei der **Stadstoezicht** auslösen (Tel. 020/251 33 22, Gebühr mindestens 105 €). Das Depot für abgeschleppte Fahrzeuge befindet sich in der Daniel Goedkoopstraat 7 nahe dem Knooppunt Amstel im Südwesten der Stadt, Ⓜ Sparklerweg.

Taxi

Im ganzen Innenstadtbereich sowie vor den Hotels gibt es Taxistände.

- **Taxizentrale:** Tel. 020/777 77 77
- **Wassertaxi:** Tel. 020/535 63 63

Telefon/Handy/Internet

Die Apparate in den auffälligen grünen Zellen funktionieren mit der Telecard. Zu erhalten ist sie in den Postämtern und an Kiosken im Wert von 5 und 12,50 €.

Das **Telehuis** (Raadhuisstraat 48–50) ist für Gespräche, Telefaxe und Telegramme tgl. 8–2 Uhr geöffnet.

Handys funktionieren in den Niederlanden problemlos. Informieren Sie sich über die Roamingpreise.

In den Niederlanden haben die Telefonnummern ebenso wie in Deutschland, Österreich und der Schweiz eine Stadt- oder Gebietsvorwahl (Amsterdam: 020). Wenn man aus dem Ausland anruft, entfällt die erste Null der Vorwahl. Die 0900-Nummern sind nur in den Niederlanden wählbar, ein Anruf kostet 40 Cent/Min.

- **Inlandsauskunft:** Tel. 0900/80 08
- **Auslandsauskunft:** Tel. 0900/84 18
- **Vorwahlen:** Deutschland 00 49, Österreich 00 43, Schweiz 00 41, Niederlande 00 31.
- **Internet-Zugang** bieten viele Hotels sowie Cafés in der Stadt an.

Toiletten

Öffentliche Toiletten findet man in Kaufhäusern, Museen und in der Openbare Bibliothek an der Oosterkade.

Zoll

EU-Bürger dürfen folgende Höchstmengen ein- bzw. ausführen: 1 kg Tabak, 800 Zigaretten, 400 Zigarillos, 200 Zigarren, 90 l Wein, 10 l Spirituosen.

Die zollfreien Höchstmengen für Schweizer liegen bei 250 g Tabak oder 200 Zigaretten oder 50 Zigarren, 1 l Alkoholika über 15 % Vol. und 2 l unter 15 % Vol., 50 g Parfüm; Souvenirs bis zu maximal 300 CHF.

Gut zu wissen

- **Rauchverbot:** Seit dem 1. Juli 2008 ist das Rauchen in Restaurants, Cafés, Diskotheken u. ä. verboten (Gastronomen dürfen separate Raucherbereiche ausweisen). Auch Hotelzimmer werden zunehmend rauchfrei.
- **Sicherheit:** Auch in Amsterdam muss man sich vor Taschen- und Trickdieben und anderen Kriminellen hüten. Zwar ist die Polizei an den neuralgischen Punkten Dam, Leidseplein und Vondelpark sehr präsent, doch kommt es gelegentlich zu Überfällen. Man sollte Wertsachen nicht im Auto liegen lassen, das Leihfahrrad gut absperren, die Geldbörse sicher bei sich tragen, Gedränge meiden, nachts nicht allein durch dunkle Gassen gehen.
- **Sprache:** Niederländisch ist eine eigene Sprache und hat mit dem Deutschen nur indirekte Gemeinsamkeiten. Statt Deutsch lieber Englisch sprechen oder einen Versuch auf Holländisch unternehmen.
- **Zimmer:** Es empfiehlt sich, rechtzeitig ein Zimmer zu buchen. Auf www.iamsterdam.de findet man Links zu Sonderangeboten, auch www.expedia.de oder www.booking.com bieten manches Schnäppchen.
- **I amsterdam Card:** Freien oder reduzierten Eintritt in Museen, freie Benutzung der öffentlichen Verkehrsmittel und Preisvorteile in diversen Restaurants bietet die »I amsterdam Card« (www.iamsterdam.nl), erhältlich bei den Touristenbüros am Hauptbahnhof und am Leidseplein. Die Tageskarte kostet 39 €, für zwei Tage zahlt man 49 €, für drei Tage 59 €.

Register

Bildnachweis

Alamy/Arco Images: 116; Alamy/Pablo Valentino: 123; Alamy/The Print Collector: U2-Top12-9; Alamy/Neil Setchfield: U2-Top12-6; A. M. Bergsteiger: 106; Bildagentur Huber/Gräfenhain: 136; Bildagentur Huber/Lubenow: 31, 111; Bildagentur Huber/Ripani Massimo: U2-Top12-4, 64; Bildagentur Huber/S. Scattolin: 84; fotolia.com/Jean-Jacques Cordier: U2-Top12-5; Fotolia/DanyMihai: U2-Top12-08; Rainer Hackenberg: U2-Top12-11, 118; Gabriele Hoffmann: 12; Marlis Kappelhoff: 21, 37, 54, 56, 61, 65, 73, 78, 79, 82, 91, 92, 96, 100, 114; laif/Gonzalez: U2-Top12-03; 17, 33, 74, 127; laif/hemis: 15; laif/Hollandse Hoogte: 24, 41, 95, 98, 121; laif/Hollandse Hoogte/Riel: 51; laif/Hollandse Hoogte/Siebe Swaart: U2-Top12-12; laif/Andreas Hub: U2-Top12-10, 62, 81, 124; laif/Joerg Modrow: 9; laif/Reporters: 43, 44; laif/TCS: 10; LOOK-foto/Tina& Horst Herzig: 129; LOOK-foto/Sabine Lubenow: U2-Top12-7, 28, 93; LOOK-foto/P. Narajan: 6; LOOK-foto/Ingolf Pompe: 4, 97; LOOK-foto/Terra Vista: U2-Top12-1; Mauritius-images/Photononstop:87; Niederländisches Büro für Tourismus: 133; Christine Rettenmeier: 88; Klaus Thiele: 39, 55, 67; Ernst Wrba: 23, 27, 34, 60, 70, 77, 83, 89, 94, 112; Wikipedia (gemeinfrei): U2-Top12-02, 53, 105.

Polyglott im Internet: www.polyglott.de

Impressum

Wir freuen uns, dass Sie sich für einen Reiseführer aus dem Polyglott-Programm entschieden haben. Auch wenn alle Informationen aus zuverlässigen Quellen stammen und sorgfältig geprüft sind, lassen sich Fehler nie ganz ausschließen. Wir bitten um Verständnis, dass der Verlag dafür keine Haftung übernehmen kann. Ihre Hinweise und Anregungen sind uns wichtig und helfen uns, die Reiseführer ständig weiter zu verbessern. Bitte schreiben Sie uns:

GVG TRAVEL MEDIA GmbH, ein Unternehmen der GANSKE VERLAGSGRUPPE
Redaktion Polyglott, Harvestehuder Weg 41, 20149 Hamburg, redaktion@polyglott.de

Wir wünschen Ihnen eine gelungene Reise!

Herausgeber: GVG TRAVEL MEDIA GmbH
Redaktionsleitung: Grit Müller
Autorin: Christine Rettenmeier
Redaktion: Gabriele Hoffmann, Anja Lehner
Bildredaktion: GVG TRAVEL MEDIA GmbH, Gabriele Hoffmann, Ulrich Reißer
Layout: Ute Weber, Geretsried
Titeldesign-Konzept: Studio Schübel Werbeagentur GmbH, München
Karten und Pläne: Kartografie GVG TRAVEL MEDIA GmbH, Hamburg
Satz: Schulz Bild & Text, Hamburg, und Ute Weber, Geretsried
Druck und Bindung: Stürtz Mediendienstleistungen, Würzburg

Printed in Germany
Dieses Buch wurde auf chlorfrei gebleichtem Papier gedruckt.
ISBN 978-3-8464-0822-3

PEFC
PEFC/04-31-1404

Langenscheidt Mini-Dolmetscher Niederländisch

Allgemeines

Guten Morgen.	Goedenmorgen. [chujə**morch**ə]
Guten Tag. (nachmittags)	Goedendag. [chujə**dach**]
Hallo!	Hallo! [ha**loh**]
Wie geht's?	Hoe gaat het? [hu‿**chah**‿tət]
Danke, gut.	Goed, dank u wel. [**chutt**, dang‿kü **well**]
Ich heiße ...	Ik heet ... [ig‿**heht**]
Auf Wiedersehen.	Tot ziens. [tott**ßinß**]
heute	vandaag [fan**dach**]
morgen	morgen [**morch**ə]
gestern	gisteren [**chiß**tərə]
vormittags	's morgens [ß**morch**əß]
nachmittags	's middags [ß**mid**dachß]
Abend	avond [**ah**wənd]
Nacht	nacht [nacht]
Sprechen Sie Deutsch / Englisch?	Spreekt u Duits / Engels? [**ßprehk**‿tü **döitß** / **eng**əlß]
Wie bitte?	Wat zegt u? [**watt sech**tü?]
Ich verstehe nicht.	Ik begrijp het niet. [ig bə**chräip**‿ət nit]
Sagen Sie es bitte nochmal.	Wilt u het alstublieft herhalen? [**will**tü‿ət aßtü**blift** här**hah**lə]
..., bitte	... alstublieft [aßtü**blift**]
Danke	Bedankt. [bə**dankt**]
Keine Ursache.	Graag gedaan. [chrah‿chə**dahn**]
was / wer / welcher	wat / wie / welke [watt / wih / **wäll**kə]
wo / wohin	waar / waar naartoe [wahr / wahr nahr**tu**]
wie / wie viel	hoe / hoeveel [hu / hu**wehl**]
wann / wie lange	wanneer / hoe lang [wan**nehr** / hu**lang**]
Wie heißt das?	Hoe heet dat? [hu **het** datt]
Wo ist ...?	Waar is ...? [wahr‿iß]
Können Sie mir helfen?	Kunt u mij alstublieft helpen? [**könn**tü mäi aßtü**blift häll**pə]
ja	ja [jah]
nein	nee [neh]
Entschuldigen Sie.	Neemt u mij niet kwalijk. [**nehm**tü‿mäi nit **kwah**lək]
Das macht nichts.	Geeft niet. [chehft nit]
Wie komme ich zur Touristeninformation?	Hoe kom ik naar de V.V.V.? [hu **kom**mig nahrdə weh-wehweh?]

Shopping

Wo gibt es ...?	Waar kan ik ... krijgen? [**wahr** kannig ... kräichə]
Wie viel kostet das?	Hoeveel kost dat? [**hu**wehl **koß**tat]
Haben Sie etwas Billigeres?	Hebt u iets goedkopers? [hepptü‿itß chutt**koh**pərß]
Geben Sie mir 100 g Käse / zwei Kilo Pfirsiche.	Geeft u mij een ons kaas / twee kilo perziken. [**chehf**tü mäi ən **onß kahß** / **tweh** kiloh **pär**sikə]
Haben Sie deutsche Zeitungen?	Heeft u Duitse kranten? [**hehf**tü **döit**ßə **krann**tə]
Wo kann ich telefonieren / eine Telefonkarte kaufen?	Waar kan ik telefoneren / een telefoonkaart kopen? [**wahr** kannig telefoh**neh**rə / ən tele**fohn**kahrt kohpə]

Essen und Trinken

Die Speisekarte, bitte.	De menukaart, alstublieft. [də mə**nü**kahrt aßtü**blift**]
Brot	brood [broht]
Kaffee	koffie [**koffi**]
Tee	thee [teh]
mit Milch / Zucker	met melk / suiker [mett melk / **ßöi**kər]
Orangensaft	sinaasappelsap [**ßi**nahßappəlßapp], jus d'orange [~~seh~~ü dorõ~~seh~~]
Können Sie mir bitte noch ... bringen?	Kunt u mij alstublieft nog ... brengen? [**könn**tü mäi aßtü**blift** noch ... brängə]
Suppe	soep [ßup]
Fisch / Meeresfrüchte	vis / schaaldieren [wiß / **ßchahl**dihrə]
Fleisch / Geflügel	vlees / gevogelte [wlehß / chə**woh**chəltə]
vegetarische Gerichte	vegetarische gerechten [weche**tah**rißə chə**räch**tə]
Eier	eieren [**äi**ərə]
Salat	salade [ßa**lah**də]
Dessert	dessert [dä**ßährt**]
Obst	fruit [fröit]
Eis	ijs [äiß]
Wein	wijn [wäin]
weiß / rot / rosé	wit / rood / rosé [witt / rohd / roßeh]
Bier	bier [bihr]
Mineralwasser	mineraalwater [mineral**wah**tər]
mit / ohne Kohlensäure	spa rood / blauw [ßpah rohd / blau]
Ich möchte bezahlen.	De rekening, alstublieft. [də **reh**kəning aßtü**blift**]